启航吧！知识号

打造学习超能力

格林图书 编绘

北京理工大学出版社
BEIJING INSTITUTE OF TECHNOLOGY PRESS

版权专有　侵权必究

图书在版编目（CIP）数据

打造学习超能力 / 格林图书编绘. -- 北京：北京理工大学出版社, 2024.9
(启航吧知识号)
ISBN 978-7-5763-4392-2

Ⅰ. K811-49
中国国家版本馆CIP数据核字第2024FL6872号

责任编辑：王琪美　　文案编辑：王琪美
责任校对：刘亚男　　责任印制：王美丽

出版发行 / 北京理工大学出版社有限责任公司
社　　址 / 北京市丰台区四合庄路6号
邮　　编 / 100070
电　　话 /（010）82563891（童书售后服务热线）
网　　址 / http：//www.bitpress.com.cn

版 印 次 / 2024年9月第1版第1次印刷
印　　刷 / 北京尚唐印刷包装有限公司
开　　本 / 710mm×1000mm　1/16
印　　张 / 10.5
字　　数 / 100千字
定　　价 / 38.00元

图书出现印装质量问题，请拨打售后服务热线，本社负责调换

解锁学习潜能，打造天才培养计划

说到天才就会想到那些各领域的开拓者，如牛顿、莫扎特、阿基米德等人，他们不但对当时的社会做出巨大贡献，还在不断地影响着后世。大多数人都对天才有个误区，认为天才天生拥有智慧且异于常人，但根据对天才背景和成功因素的大量研究证明，许多天生具备的才能从实质上来说都是在后天培训、刻苦钻研的实践过程中获得的。

想要解锁学习潜能，打造个性化的天才培养计划吗？七大能力可以帮助孩子迅速提升，对他们未来的发展产生积极影响。

观察力是孩子学习的第一步，只有敏锐的观察力才能让孩子准确地把握信息。

专注力是学习的基础，集中注意力才能做到深度思考。

记忆力是知识积累的关键，一个好的记忆力可以让孩子事半功倍。

想象力是创造的源泉，激发对世界的好奇心和探索欲。

思维力是培养孩子逻辑思维的关键。

创新力有助于在未来激烈的竞争中脱颖而出。

最后一条，**领悟力**是指孩子对知识的理解和运用能力，只有领悟透彻，才能做到知行合一。

总而言之，天才虽然不是生来就有的，但每个孩子都是独特且唯一的，帮助他们发掘和激发自己的潜能，也许有一天，他们也会创造属于自己的成就，甚至给你更多想象不到的惊喜。让我们一起努力，见证孩子的成长和成功吧！

序言
给孩子梦想起飞的翅膀

世界上每一只小鸟都要翱翔于蓝天，世界上每一个孩子都有属于自己的梦想。

每一个孩子都是与众不同的，每个孩子都是梦想家。在他们成长的过程中，梦想可能会折翼、会被误导，所以孩子们萌发的梦想更需要被细心呵护，需要被温柔地鼓励和引导。因此，一套好的成长之书，在孩子们的成长道路上扮演着重要的角色，发挥着潜移默化的作用。《启航吧，知识号：打造学习超能力》正是这样一套送给孩子的梦想之书。

这是一套给孩子带来正能量的、守候孩子梦想的书。在这里，孩子们会看到古今中外的大文学家、大艺术家、大军事家和大政治家们的故事，他们身上的坚强、勇敢、奋进的意志品格，是孩子们得以学习的榜样力量；他们身上的由于时代带来的局限，也是孩子们得以不断深入思考的问题。

这是一套给孩子的有温度的、引人思考的梦想之书。

　　理想不是冷冰冰的灌输和说教,在这里,孩子们能看到的不仅仅是名人们各种令人羡慕的成就,更有他们在成就的道路上遇到的挫折、打击以及他们做出的努力、他们得到的和失去的……

　　这是一套给孩子的轻松的、风趣的"朋友"之书。在这里,没有板起脸来的长篇大论,在这个名人们的"展览馆"里,他们如同一些经历丰富的"大朋友",用他们的故事陪伴和启发着孩子们在追寻梦想的道路上前进。

　　心怀梦想的孩子更强大。守候孩子的梦想,就是守候我们的未来。愿这套书带给孩子们梦想起飞的翅膀,陪伴他们不断翱翔、快乐成长、实现梦想……

著名诗人、儿童文学作家　徐鲁

目录

第一章 培养观察力 1
- 谨慎的战场雄狮 蒙哥马利 2
- 以身犯险，用心感受 塞万提斯 12

第二章 培养专注力 19
- 100% 投身于伟大的音乐事业 贝多芬 20

第三章 培养记忆力 29
- 音乐神童养成记 莫扎特 30

第四章 培养想象力 41
- 斜杠艺术家 达·芬奇 42
- 想象中的奇幻世界 吴承恩 54

第五章 培养思维力 61
- 举一反三的电磁学之父 法拉第 62
- 将、相、王、侯于一身的风云战神 韩信 72
- 侦探悬疑小说之父 柯南·道尔 80
- 用一部兵法指导世界军事 孙武 90

第六章 培养创新力 99
- "给我一个支点,我能撬起地球" 阿基米德 100
- 战场上的改革家 巴顿 108
- 改变女性意识的时尚女王 香奈儿 116
- 好奇心不死!大胆创新的画家 毕加索 122

第七章 培养领悟力 131
- 现代科学驱动者 伽利略 132
- 百科全书式的全才 牛顿 142
- 有个性的思想家 老子 152

你,准备好了吗?

第一章
培养观察力

观察力是一种重要的感知能力，它涉及通过视觉、听觉、嗅觉、味觉、触觉等感觉器官，有目的、有计划地感知和理解客观事物的特征和本质。

观察力是人类认识能力的重要组成部分，对于提高认识程度和理解水平有显著影响。人的观察力并非与生俱来，而是在学习中培养，在实践中锻炼起来的。为了有效地进行观察，更好地锻炼观察力，掌握良好的观察方法是必要的：**确立观察目的；制定观察计划；培养浓厚的观察兴趣；观察现象，探寻本质；使用良好的观察方法；遵循感知的客观规律。**

培养儿童观察力时需要注重创造有趣的观察环境，培养细致入微的观察能力，帮助儿童提高对世界的认知水平和理解能力。

谨慎的战场雄狮

蒙哥马利

一、蒙哥马利其人

蒙哥马利（1887—1976），全名伯纳德·劳·蒙哥马利，毕业于英国桑赫斯特皇家军事学院，是第二次世界大战中盟军杰出的指挥官之一、英国最有名的军事家和陆军元帅。1958年，蒙哥马利结束了50年的军旅生涯。他是英国历史上服役最久的将领。

100多年以来，英国军队中没有任何一个人能像蒙哥马利那样精通军事、战功卓著。他的成就足以让人们永远铭记他，时至今日，他依然是英国人心中的英雄。

蒙哥马利的鉴人之术

蒙哥马利在谈论如何用人时，曾经将人分为四种类型。

第一种 非常聪明，但是非常懒惰，可以当司令。

第二种 非常聪明，也非常勤快，可以当参谋员。

第三种：非常懒惰，也很笨，可以当士兵。

第四种：非常笨，但很勤快，可是放到哪里都很危险。

蒙哥马利和他的"死对头"们

蒙哥马利为人谨慎，指挥得当，充分发挥了英军最大的战斗力。同样是第二次世界大战的指挥官，巴顿和蒙哥马利有点互相瞧不起对方。

蒙哥马利

蒙哥马利是一位相对谨慎的战略家。每次出击前,他坚持在人力、物力等方面做足充分准备。虽有延误战机之嫌,但稳妥可靠,并保证了他在部下当中的声望。可他的上司却不这样认为。

立刻攻打阿曼达!

我还没准备好,只差一步,我都不会去打仗的,我不会让我的士兵白白去送死,我不打没做好准备的仗!

上司想要撤掉蒙哥马利,可是实在派不出比他更厉害的军官,只得忍下这口气。还好,英国首相丘吉尔是支持他的,而且他的不败纪录也让士兵信任。连美国总统艾森豪威尔都称赞他。

**勇敢不等于鲁莽,
谨慎也不等于胆小。**

二、"战场上的观察家"是如何养成的

1 从观察父母做起

1887年11月17日,蒙哥马利出生在英国伦敦一个牧师家庭里,他有一位非常严厉的妈妈。他讨厌妈妈这种专制的教育方式,总和妈妈对着干,但结果每次都是妈妈胜利。

他回忆:有一次,爸爸送给妈妈一个漂亮的金鱼缸,妈妈非常喜欢,也非常珍惜,不让他们靠近。这更激起了他的好奇心,于是,他偷偷地接近了鱼缸……结果,不小心把鱼缸打破了。妈妈气急之下训斥了他,并且深深刺痛了他的心。

从那一刻起,他变了,不再去招惹妈妈或者其他人,默默观察妈妈,按她的要求做她喜欢的事情,也因此和妈妈关系转变,而这一系列过程无形中也锻炼了他的观察力和意志力。

2 观察骡子拉屎?

蒙哥马利不爱学习,特别想当兵。为了考入理想的军事学校,他拿起书本认真学习起来,经过一段时间的努力备考,居然考上了桑赫斯特皇家军事学院。入学后,他逃课、捣乱、

蒙哥马利

上树做游戏等等，什么都干，就是不好好学习。

最终，蒙哥马利是以不合格毕业生的身份被分配到当时条件最差、最遥远的印度边防小镇当士兵。可是一门许多人认为可笑的没有太大意义的"考试"，却让他来了个180度大转弯。

之后的半个月里，他利用跟着骡子运输的机会仔细观察。这件小事也令他深刻地认识到，在军事活动中，任何细小的观察都是十分重要的。于是，他开始发奋学习，在学习中又懂得了知识比武器更加重要。经过一段时间的努力，蒙哥马利迅速成为掌握知识最多和最善于观察的军官。

3 谨慎、细心的"战场观察家"与他的三场胜利之战

蒙哥马利身经百战，几乎没有失误过。这些都源于他战前的细心观察从而完成充分的作战计划和准备，而在历史上，他和老对手隆美尔之间的三场经典战役最为突出和典型。

蒙哥马利的老对手隆美尔是德国大名鼎鼎的将领，因为擅长沙漠坦克战，被称为"沙漠之狐"。和他打过仗的那些人提起他就害怕。

第一战　哈勒法战役

哈勒法战役是在特定作战条件下进行的防御战的典范，蒙哥马利用哈勒法山的有利地形，进行严密周到的部署，使隆美尔不管进攻哪个方向的阵地都会陷入绝地，处于四面包围的困境。

蒙哥马利

隆美尔在德国大战略计划的影响下，不得不在人员、物资都严重短缺且面临交通线过长等危险的状况下做出抉择。在蒙哥马利的预料和掌控之下，隆美尔选择了进攻，可以说，战役一开始，隆美尔就输了。在后方基地被轰炸以后，德军最终不得不撤退。

蒙哥马利给隆美尔的非洲军团设计的这一陷阱，使隆美尔的进攻落得搬起石头砸自己的脚的结果。这场战争的胜利也是从北非沙漠传回英国的第一个捷报。这场战役的胜利，使得英国第8集团军的士气空前高涨，也为扭转北非战争局面的阿拉曼战役的胜利做出了巨大的贡献。

第二战　阿拉曼战役

很多人都说，蒙哥马利是一位谨慎小心，善于把战略战术联系起来考虑的军事家。他亲自制订了消灭"非洲军团"计划，并坚持每次出击前，在人力、物力等方面都做好充分准备。而在进行真正的攻击之前，他特别组织了一支专门用来欺骗敌人的"部队"。

尽管这支部队人员构成复杂，却具有惊人的伪装欺骗能力。他们在南面制作了大量的模拟坦克、火炮和军用物资，故意暴露给德军的情报人员。为了让"演出"更逼真，这支部队铺设了一条长达 30 公里的模拟输油管，并专门修建了一条与输油管平行的模拟铁路，还在沿途建立了供水站。

 蒙哥马利

第三战 诺曼底登陆

1944年6月,蒙哥马利再一次和隆美尔决战。由英、法、美等欧洲同盟国组成的强大军团将在诺曼底登陆。但是,隆美尔早在岸边部署了大量防御阵地。盟军当然也不会掉以轻心,即使这样,进攻线还是出现了漏洞。

等盟军在诺曼底登陆后,蒙哥马利把敌军的主力吸引到自己这边来,保证了美军的顺利突破和向纵深发展,而英军却由于敌军主力的顽强抵抗,付出了较大的代价,进展缓慢,特别是后来一场前所未有的风暴席卷了整个战场,让很多运送物资的船只直接沉没,不仅造成了经济损失,也为部队的供给带来了沉重的压力,甚至让有些部队不得不转入防御。

战事消息传回英国,媒体也开始议论纷纷。在强大的舆论压力下,连首相丘吉尔也沉不住气了,来问蒙哥马利究竟怎么回事。所有这些,他都毫不介意,照常按照原本的计划行动,确保了诺曼底战役的胜利。在这里,蒙哥马利放弃了唾手可得的胜利,却承担了极为沉重的责任,他深深知道这一切都不是为了个人的荣誉。

战争结束后,蒙哥马利因为打败了"沙漠之狐"隆美尔而成名,荣誉、地位、金钱和世人的敬仰如潮水般涌来,但他都不为所动。在战争期间,蒙哥马利的爱妻贝蒂也去世了,他有很长一段时间陷入极度的痛苦。许多关心他的人纷纷劝他重新寻找伴侣,连英国首相想做他的月下老人都未能如愿。蒙哥马利就这样固执地过完了他的一生。

蒙哥马利的观察力培养

① 仔细观察身边的人和事并尝试理解和共情,从而更深刻地理解所观察内容。

② 细心观察和研究,不放掉任何细小的线索,通过点、线、面逐渐深化学习。

③ 通过事先调研,仔细探查,做出全面的观察,再利用观察到的成果制订相应的计划,继而达到最终想要完成的目的,取得成功。

④ 不受外界影响,按照既定目标完成观察任务,培养专注的观察精神。

以身犯险，用心感受

塞万提斯

一、塞万提斯其人

米格尔·德·塞万提斯·萨维德拉（1547—1616），西班牙小说家、剧作家、诗人。出生于马德里附近的埃纳雷斯堡，他被誉为西班牙文学世界里最伟大的作家。其作品《堂吉诃德》达到了西班牙古典艺术的高峰，标志着欧洲近代现实主义小说的创作进入了一个新的阶段，是欧洲文学史上的第一部现代小说，同时也是世界文学的瑰宝之一。塞万提斯对于世界文学的影响巨大，甚至连西班牙语都因此被称为"塞万提斯的语言"。

反骑士小说《堂吉诃德》

《堂吉诃德》这本书的主人公堂吉诃德,是一个乡下的绅士,因为读骑士小说入迷了,一心想把书中骑士的种种行为变成现实。于是,他把一副东拼西凑的铠甲穿在身上,说服了桑丘做他的仆人,就这样,一个看起来疯疯癫癫的骑士和一个看起来傻乎乎的仆人开始了他们的游侠生活。堂吉诃德癫狂的行为,衍生出一系列戏剧性的故事。

当时的西班牙文坛,骑士小说泛滥成灾,都是虚构一个英勇无比的骑士,为国王、贵族去拼命,鼓吹骑士的荣誉与骄傲,鼓励人们发扬骑士精神,维护封建统治,去建立世界霸权。一直在社会底层挣扎的塞万提斯亲身体会了中世纪的封建制度给西班牙人民带来的痛苦与灾难,他憎恨骑士制度和美化这一制度的骑士文学。他要唤醒人们不再吸食这种精神鸦片,让他们从不现实的迷梦中解脱出来。

二、塞万提斯的人生历险记

1 丰富的人生经历成为优质的写作能源

塞万提斯出生在西班牙马德里附近的埃纳雷斯堡。从小生活艰难，兄妹七人和父母一起过着颠沛流离的生活，这种经历使他只读完了中学。

23岁时塞万提斯来到意大利，成了红衣大主教胡利奥的家臣。他跟着红衣大主教去了很多地方，游览了许多的名胜古迹，写下了很多赞美意大利的诗歌和文章，大主教看了之后，认为他是个很有才华的人，经常夸奖他。一年后，他去参加了西班牙驻意大利的军队，对抗敌人。许多人不禁钦佩他的勇气，而跌宕起伏的人生经历也成就了他精彩的文学造诣。

2 "勒班多的独臂人"

1571年,战争爆发了,塞万提斯和战友在海上反抗侵略者土耳其军队的进攻。这次战争中,最残酷的就是勒班多大海战。可是,在这个关键时候,他却生病了,高烧不退但仍没有一丝退缩。

这场仗,他们胜利了,付出16艘战船的损失,但土耳其人的舰队也受到了毁灭性的打击。塞万提斯在激烈的战斗中负了三处伤,导致左手残疾,还获得了"勒班多的独臂人"之称。不过他一点儿也不后悔,仍然为打败了土耳其侵略者而骄傲。

3 不屈的灵魂与自由的向往

经过了四年出生入死的军旅生涯后,塞万提斯踏上了回国的归途。途中经过法国的马赛海岸时,他们的船遭到了海盗的袭击。最终被捉住了并囚禁了他五年。在这五年里,他从没放弃逃跑的想法。前几次的逃跑都失败了,为了不连累其他人,每次被抓回来,都选择了一个人承担责任。1577年,妈妈筹到的钱只够赎回一个人,他让自己的兄弟先回去。

一次又一次的逃跑失败让他变得更坚强,他的勇气和胆量也得到了狱友们的信任,甚至连看管的土耳其人都对他尊敬有加。

1580年5月,幸运之神终于降临了。一位修道士筹集了500金币将他赎回,他终于重新获得自由,回到了西班牙马德里和家人团聚了。而这个时候,他已经33岁了。这些逃亡和被囚禁的生活,让他非常渴望自由。

后来,他在《堂吉诃德》里面写道:**"自由是上天给予人类最美丽的赠品……"**

4 跌宕一生成就旷世奇作

回国后的塞万提斯并没有得到应有的重视，生活依旧潦倒。他在政府里当过小职员，在部队里打过杂，在税务局当过工人，还接触了不少农村的生活，甚至不止一次地进了监狱。接触到了各种各样的人，从他们身上似乎也能看到一些他自己的过去，那些事情就像戏剧一样出现在眼前。他开始想把这些感觉记录下来。《堂吉诃德》，就是塞万提斯在监狱里想出来并写下的。

1605年，塞万提斯因《堂吉诃德》的出版而一举成名。但随之而来的是各种盗印版本的出现，甚至还有冒充他名字的。

我们这里有《堂吉诃德》第二部啦，大作家塞万提斯的最新作品啊！

第二部？我怎么不知道？《堂吉诃德》我只写了第一部，第二部还在写作当中啊！

塞万提斯

后来发现，由于他的作品满是对贵族的讽刺，他们觉得仿佛在嘲笑自己，于是搞鬼报复他。于是带着愤怒的情绪，塞万提斯很快就完成了第二部作品。这不仅是为了他的读者，也是对那些贵族的抗议。

纵观塞万提斯的一生，那些艰难的生活带给他许多苦难，但也带给了他非凡的成就。

我看这个才更像塞万提斯的风格！

塞万提斯的观察力培养

❶ 丰富的生活阅历和跌宕的一生都为创作积累了丰富的素材。

❷ 具有敏锐的感知和观察力，发现身边的人和事，细心了解和研究。

❸ 坚强的心智和不屈的精神，积极乐观地面对苦难并将它们都转化为自己的能量。

❹ 长期养成观察生活的习惯，将点滴经历进行归纳整理，形成未来的创作源泉。

第二章
培养专注力

专注力是指个体将注意力集中在特定对象、思想或活动上，并能在一段时间内保持这种集中的心理状态，**是有效学习、工作和完成各种任务的关键能力。**

专注力可以分为两种类型：持续性注意力和选择性注意力。

持续性注意力是指在长时间内保持对某一项任务的关注，而选择性注意力则涉及在多个刺激之间选择性地集中注意力。**专注力不是静态的，它可以通过训练和实践得到提高。** 培养专注力是一个循序渐进的过程，需要持续的练习和适当的策略。

与成年人相比，儿童的专注力通常较短，它可以通过各种方法和活动进行提高，专注力的培养对儿童的学习和整体发展至关重要。

100% 投身于伟大的音乐事业

贝多芬

一、贝多芬其人

路德维希·凡·贝多芬（1770—1827），男，德国作曲家、钢琴家、指挥家。维也纳古典乐派代表人物之一。他一共创作了 9 首编号交响曲、35 首钢琴奏鸣曲（其中后 32 首带有编号）、10 部小提琴奏鸣曲、16 首弦乐四重奏、1 部歌剧、2 部弥撒、1 部清唱剧与 3 部康塔塔（康塔塔就是清唱套曲，独唱、重唱、合唱的声乐套曲）；还有大量的室内乐、艺术歌曲与舞曲。这些作品对音乐的发展有着深远的影响，因此，贝多芬被人们尊称为乐圣。

"怪人"贝多芬

贝多芬性情古怪,脾气不好。他发脾气总让对方觉得莫名其妙,摸不着头脑。

比如,贝多芬热爱大自然,许多灵感都来自大自然。为了更好地看窗外的风景,他直接:

贝多芬

贝多芬蔑视贵族。有一次，他和大文豪歌德一同出去散步。在路上远远看到了奥地利皇后率领着一群皇室成员迎面走过来，歌德不顾贝多芬的一再劝阻，立刻恭恭敬敬地站到了路边。奥地利的皇后和皇太子认出贝多芬后，反倒率先向他打招呼、脱帽致敬。当他们经过歌德身边时，歌德早已脱帽鞠躬，连头都不敢抬一下。

贝多芬与偶像莫扎特

贝多芬出生在德国波恩的一个平民家庭，他的爸爸是一位宫廷男高音歌手。他爸爸经常喝得大醉，从没对家里人和气过，甚至连家人们是否有足够的吃穿都从不过问。

但神童莫扎特的成功刺激了贝多芬的爸爸，为了实现自己的幻想，他把四岁的贝多芬锁在屋里，从早到晚练习钢琴和小提琴。就算半夜两三点，他也会把贝多芬从床上拉下来练琴。

就这样,贝多芬被他老爸带着到很多地方开音乐会,虽然也取得了一定的成就,但是,离他爸爸的期望还有一定的距离。1787年春天,贝多芬来到维也纳,在这里和他的偶像莫扎特相遇了。

莫扎特是很忙的人,但他还是很认真地听了贝多芬的演奏,并表达了对其的欣赏。贝多芬也准备长期跟随莫扎特老师学习。可是这个时候,他收到了妈妈病重的消息,立刻回到了老家。由于家庭事务太多,一直到1792年秋天,他才有机会第二次来到维也纳,但这时莫特已经去世了。莫扎特留下了一句话送给少年时的贝多芬:

 贝多芬

二、成功，可以说的秘密

1 对于热爱百分百专注和努力

贝多芬对音乐有着近乎痴迷的热爱，除了那少得可怜的睡觉时间，他几乎都待在钢琴旁边。一天在钢琴前要坐上十几个小时，但这种专注状态在旁人看来简直是异类，普通人无法理解也无法过上这样的生活。

可是这种过于认真的状态也会产生一些负面影响，由于长时间弹琴，贝多芬的听力越来越差，这让他的脾气越来越暴躁。

贝多芬的耳朵越来越听不见声音了,但他仍没停止练琴。直到他的耳朵彻底聋了,仿佛天塌下来了一样,他甚至写好了遗书。不过他并不愿意放弃音乐和生命,后来他渐渐地发现,音乐不只是动听的声音,也是一种思想的语言。虽然,听不到声音是一种遗憾,但是还可以用灵魂创作和演奏,这让他虽然痛苦,但也感到了另一种快乐。

遗言

上帝要将我抛弃了,我的世界失去了声音,我在这个世界上又有什么意义?

我要征服命运!

贝多芬

2 废寝忘食，全身心地投入

贝多芬在进行音乐创作时，经常到了忘我的境地，没日没夜地弹琴，有时为了保持头脑清醒，还会把一盆盆的水泼到自己头上。那些水通过地板都流到了楼下。这一系列操作遭到了邻居们的投诉，他只能一次次被迫搬家，也因而上了房屋中介公司的黑名单。

贝多芬在吃饭时也会突然来了灵感，这时便会顺手拿起餐桌上的菜谱，在菜谱的背面作起曲来。不一会儿，就完全沉浸在美妙的旋律之中了。服务员看到他十分投入的样子，也不敢来打扰；直到过了很久，服务员才终于过来请他点餐。

3 绝对严谨的态度，保持不断进步

贝多芬写作歌剧《费德里奥》时，为其中的一首合唱曲先后拟定过 10 种开头。人们熟悉的《命运交响曲》第一乐章，也写过十几种不同的构想。他常常揣着笔记本，在散步时也从不忘记将突发的灵感记录下来。他甚至有张稿纸，其中一处改了又改，贴上了 12 层小纸片。但这些小纸片最里面的那个最初构想的音符与最外面的那个第 12 次改写后的音符还是一样的。

由于对自己专业上的严苛要求，贝多芬还碰上过一件乌龙的事。

贝多芬

即使知道是自己曾经的作品，贝多芬依旧毫不留情地指出其问题。于是后人评价他说："**贝多芬时刻都在变化，在成长。**"

是的，他一直在不停钻研，最好的作品就是最有进步的，他一直在努力，即使耳聋也没有放弃，因为这是他一生的追求。

贝多芬的专注力培养

❶ 对于热爱和事业投入百分百专注的精力，不被外界因素所影响。

❷ 不畏艰难困苦甚至身心创伤，也要一直朝着目标和热爱专注前行。

❸ 每天保持不间断的学习和练习，甚至达到废寝忘食的地步。

❹ 对自身要求严格，不断进步，一直向前。

第三章
培养记忆力

记忆力是大脑编码、存储和检索信息的能力，它对学习、经验积累和日常生活的决策至关重要。

记忆力包括**短期记忆和长期记忆**，还有各种不同类型的记忆等。

培养记忆力的方法有很多种，如**有意识地关注和留意重要信息**；使用间隔重复技术，可以提高记忆的**长期稳定性**；使用联想技巧；组织信息，使其更加有序和易于记忆。

还要有健康的生活方式：**良好的睡眠、均衡的饮食、定期的体育锻炼和压力管理**都对记忆力都有积极影响。

记忆力的培养总体来说是一个长期的过程，需要持续练习和使用适当的方法。对儿童来说，**创造有支持性的环境和积极的学习氛围尤为重要**。

音乐神童养成记

莫扎特

一、莫扎特其人

沃尔夫冈·阿玛多伊斯·莫扎特（1756—1791），生于神圣罗马帝国时期的萨尔茨堡，是欧洲最伟大的古典主义音乐作曲家之一。他从小就是音乐神童，而经过了更多学习后，他在钢琴和小提琴方面，成了一个天分极高的艺术家，谱出的协奏曲、交响曲、奏鸣曲、小夜曲、嬉游曲等成为后来古典音乐的主要形式。同时，他也是歌剧方面的专家，他的成就至今不落后于时代。

神童的天赋

莫扎特3岁就能在钢琴上弹奏听到过的乐曲片断，5岁就能准确无误地辨明任何乐器上奏出的单音、双音、和弦的音名，甚至可以轻易地说出杯子、铃铛等器皿碰撞时所发出的音高……如此精确的绝对音准感受是绝大多数职业乐师一辈子都只能仰望的。莫扎特保存下来的手稿，一个人即便每天抄写2页，也要30年才能完成。

莫扎特

天才代表作

莫扎特在短暂的一生中写下了六百多首作品。这些作品包括二十三首钢琴协奏曲、四十多部交响曲、二十多部歌剧……莫扎特的代表作有很多，其中歌剧有《费加罗的婚礼》《唐璜》《魔笛》，交响乐有降E大调、g小调和C大调交响曲，这些剧目至今仍在世界各地演出，观众依然对它们赞赏不绝。

我一生36年，有25年在写歌剧。

莫扎特对后世的影响

莫扎特在世时影响力巨大，他的粉丝也个个大有来头：**大文学家歌德、俄国著名音乐家柴可夫斯基和德国大音乐家贝多芬都视他为偶像。**

莫扎特真是太不可思议了，他简直是神的创造力在人间的化身。

大思想家歌德

他简直就是音乐界的基督！

著名音乐家柴可夫斯基

莫扎特是我永远的偶像，这点从来没有改变过。

音乐大师贝多芬

即使到了现在,莫扎特的音乐也非常畅销,似乎成为"心灵及身体治疗师"的代名词。他的音乐现在已经不仅仅是耳朵的享受了,还被人们加上了很多意想不到的功能。

 莫扎特

二、培养记忆超群的音乐天才需要几步

1 发掘才能和兴趣爱好

莫扎特的爸爸是萨尔茨堡市宫廷乐团的小提琴师,同时也是一位受人尊敬的作曲家、音乐教育家。莫扎特名字中的"阿玛多伊斯"意为"神的宠儿",命中注定会成为小小的神童。不过,再多的天赋也是需要后天努力的。

莫扎特记忆力超群,只要是听过的曲子都记得。3岁的时候,就能指出姐姐弹琴出错的地方;4岁时,爸爸开始教他弹琴,一般的曲子弹几遍就能全部记住;到了5岁,就会自己创作各种小曲子了。

有一天,爸爸和乐团的两位小提琴手演奏三重奏,莫扎特带着自己的小提琴也加入进去。就这样,他和爸爸还有另外一位叔叔一起,演奏小提琴三重奏。演奏结束时,他们三个大人站在那里一动不动。爸爸简直有点不敢相信,那两位叔叔也异口同声地夸奖莫扎特。爸爸发现他有这么高的天赋之后,便更加注重对他的培养了。

2 人生中的第一位老师——爸爸

莫扎特的爸爸本身是一位音乐教育家,某天,他看到4岁的莫扎特正聚精会神地趴在五线谱纸上写东西。

一开始,他以为这不过是小孩子的胡闹,而当细心的爸爸将他的作品认真地看了几眼之后,忽然兴奋地几乎哭出来了!

为了使他能迅速成长,爸爸对莫扎特是竭尽心血,精心栽培。除了复杂的音乐理论与演奏技能外,他还要学习拉丁文、法文、意大利文、英文以及文学和历史,等等。

莫扎特

在爸爸的带领下，6岁的莫扎特和10岁的姐姐开始了漫游整个欧洲大陆的旅行演出，他们所到之处无不引起巨大的轰动！

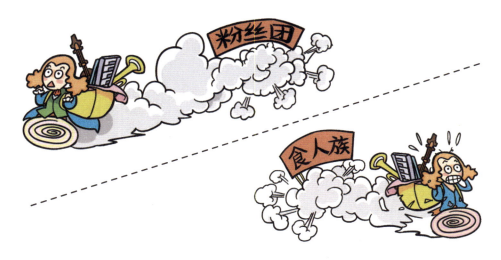

在鲜花、掌声和欢呼的背后，是艰苦的练习、苛刻的条件和可怕的考验。爸爸让莫扎特必须满足听众突如其来、异想天开的种种刁难性提议。

- 当场试奏从未接触过的技巧艰深的乐曲；
- 按照听众临时设想的几个低音即兴作曲；
- 根据指定的调性当场即兴演奏；
- 在一场音乐会上从头至尾全部演奏自己的作品，等等。

在奥地利的国都维也纳，皇帝佛朗茨一世甚至刁难要莫扎特用丝绒绸缎将琴键盖上，还只准他用一根手指弹奏，但最终都被这位神童挑战成功了。

3 磨练中的超强记忆力

莫扎特从小记忆力就非常好，但为了不断进化，他经常勇于挑战更高难度。

一次，在罗马教皇的音乐厅里听到《圣经》里的一首圣歌《主啊，怜悯我们吧》，这首曲子很难，同时包含了高音、中音、次中音、低音等九个声部，就像九首歌同时在演奏一样。而这首曲子又非常珍贵，是从不外传的珍藏品。但是，莫扎特听了一遍之后，便能把这首曲子演奏下来，甚至凭着记忆将曲子完整地写了下来，而且只错了三个音符。

 莫扎特

当然这位音乐神童也有调皮的一面。有一次,他用最短的时间写了一首曲子并跟自己的老师——德国著名大音乐家海顿打赌,他一定弹不了。海顿用他精湛的技巧试弹了几次都不行。

于是,莫扎特接过乐谱,微笑着坐在琴椅上,胸有成竹地弹奏起来,当遇到那个特别的音符时,他不慌不忙地向前弯下身子,用鼻子……

4 始终坚持自己的音乐道路

1772 年，16 岁的莫扎特终于结束了长达 10 年之久的漫游生活，回到家乡萨尔茨堡，在大主教的宫廷乐队里担任首席乐师。

尽管有才华，而且享有极大的荣誉，可是在大主教眼中，莫扎特不过是一个普通的奴仆，随时都有可能遭到斥责、辱骂，甚至严厉的惩罚。

强烈的自尊心和独立不羁的精神让他不能忍受这一切。

1781 年 6 月，他终于忍无可忍地当众与大主教公开决裂。在当时的社会条件下，这种举动极其大胆、英勇甚至有些愚蠢。因为，这意味着艰辛、饥饿甚至死亡。连爸爸也无法理解他的举动，要求他向大主教道歉，但他坚定信念，不愿妥协。

 莫扎特

> 我不能再忍受这些了。心灵使人高尚起来。我不是公爵，但可能比很多继承来的公爵要正直得多。我准备牺牲我的幸福、我的健康以至我的生命。我的人格，对于我，对于你，都应该是最珍贵的！
>
> 您的儿子：小莫扎特

冲出牢笼的莫扎特定居在有"音乐之都"美名的维也纳，开始了一个自由艺术家的生涯。在维也纳居住的日子，他以飞快的速度自由创作。神奇的旋律就好像在脑海里游荡，而他则以惊人的速度把它们记录下来，谁能说这不是一种天赋呢……

莫扎特的记忆力培养

❶ 1% 的天赋 +99% 的刻苦训练，不断提高水平。

❷ 热爱生活，始终保持强烈的好奇心和对事业的初心。

❸ 专注的精神，始终将注意力放在要做的事上，不受外界干扰，用心感受。

❹ 进行大量的学习和积累，不断开发和锻炼大脑。

第四章
培养想象力

想象力是心理创造力的一种表现，它允许人们构想不存在的事物或情境，创造出新的想法、图像、概念和感觉。

想象力不仅限于视觉图像，还包括其他感官体验、情感和理论构造。它是创新和艺术创作的基础，并在解决问题和计划未来时扮演重要角色。

培养想象力通常需要有意识地创造机会，以及改变日常习惯和思维模式，比如阅读书籍、多写作、接触大自然等等。想象力就像一种肌肉，需要通过练习来增强。通过将这些活动融入日常生活，逐渐培养并提升想象力。

对于儿童，可以在日常生活中自然地发展和练习他们的想象力。重要的是，要为孩子创造充满爱、支持和资源的环境，让他们的想象力得以自由成长。

斜杠艺术家

达·芬奇

一、达·芬奇其人

莱昂纳多·达·芬奇是 13 世纪末意大利文艺复兴时期的伟大人物,与拉斐尔、米开朗基罗并称为"文艺复兴三杰"。他是一位思想深邃、学识渊博、多才多艺的画家、寓言家、雕塑家、发明家、哲学家、音乐家、医学家、生物学家、地理学家、建筑工程师和军事工程师。

第四章 培养想象力

一方面，他热心于艺术创作和理论研究，研究如何用线条与立体造型去表现形体的各种问题；另一方面，他也醉心于研究自然科学，为了能够创作出更加真实感人的艺术形象，他广泛地研究与绘画有关的光学、数学、地质学、生物学等多种学科。他的艺术实践和科学探索精神对后代产生了重大而深远的影响。

绘画成就

要说现今世界上最有名的画作非达·芬奇的代表作《蒙娜丽莎》莫属了。太多的人都为了蒙娜丽莎的微笑着迷，就连拿破仑和撒切尔夫人都是蒙娜丽莎的忠实粉丝。法国国王路易十三甚至每天都看着这幅画，茶不思、饭不想。

蒙娜丽莎

达·芬奇

当然，他的传世佳作可不只这一幅，还有画在米兰一座修道院餐厅墙上的壁画《最后的晚餐》，这也是公认的世界上最杰出的画作之一。

最后的晚餐

工程成就

在建筑方面，达·芬奇也表现出了卓越的才华。设计过桥梁、教堂、城市街道和城市建筑。在城市街道设计中，他将车马道和人行道分开。设计城市建筑时，具体规定了房屋的高度和街道的宽度。米兰的护城河也是他设计和监工建造而成的。他对水利学的研究比意大利的学者克斯铁列早一个世纪。为了排除泥沙，他做了疏通亚诺河的施工计划，设计并亲自主持修建了米兰至帕维亚的运河灌溉工程。这些由他经手建造的水利设施至今仍在发挥作用。

科技成就

达·芬奇一生中构思过无数令人眼花缭乱的发明，很多现代人觉得其中的很大一部分超出了他所在时代的认识水平。

他根据高山上有海中动物化石的事实推断出地壳有过变动，指出地球上洪水的痕迹是海陆变迁的证明，这个思想与300年后赫顿在地质学方面的发现颇为近似。并且在麦哲伦环球航行之前，就计算出地球的直径为7000多英里①。

提出了惯性原理、杠杆原理，甚至设计出了最早的飞行器。

瞧，这也没什么难的。

是的，没错，达·芬奇曾经发明过一架仿真机器人。这架机器人是由风力和水力驱动的，它可以做一些动作，包括坐起、摆动双手、摇头及张开嘴巴。这个机器人也是他在解剖以及有关人体比例方面研究的部分成果。

① 1 英里 =1.609 344 千米。

达·芬奇

他还发明了簧轮枪、子母弹、三管大炮、坦克车、浮动雪鞋、潜水服及潜水艇、双层船壳战舰、滑翔机、扑翼飞机和直升机、旋转浮桥等。当然，这些都是从功能上说的，样子大概和现代的还是相差挺大的。

2008年4月26日，在瑞士西部城市帕耶讷，36岁的瑞士人奥利维耶·维耶提·特帕使用由他设计的金字塔形降落伞从距地面600米高的直升机上成功跳下！

二、无限想象力的探索之路

1 不断发散思维，展现创作天赋

达·芬奇从小就展现出了极强的绘画天赋，这也让爸爸决定开始培养他。有一次，爸爸让他为邻居画一张木制盾牌。他仔细搜集了好多素材，为了制造出令人吃惊的效果，他花了整整一个月的时间画出了一个两眼冒火、鼻孔生烟的老妖怪盾牌。

2 "画鸡蛋"培养观察力和耐力

达·芬奇后来拜入了文艺复兴早期意大利最著名的画家及雕刻家之一,也是15世纪下半叶最具影响力的艺术家之一的维罗奇奥门下。起初,老师让达·芬奇先学着画鸡蛋,一遍一遍地反复画,这让他感到十分枯燥、乏味。

> 鸡蛋有什么好画的,还要我天天画,太没意思了!鸡蛋都长得一样啊!就是一笔下去画个圈的事情,为什么要没完没了地画!

老师的话让达·芬奇大受启发。从此,他开始认真地观察那些鸡蛋,努力分辨它们最细微的不同。他在无数次的练习中掌握了绘画技巧,进步神速。

> 孩子,世界上没有两只形状完全相同的鸡蛋,多画鸡蛋,就是训练眼睛和手,让它们随心所欲地表现事物,等到手眼一致,那么对任何形象都能应付自如了。

甚至在维罗奇奥名作《约翰为基督洗礼》这幅画中，达·芬奇所绘的小天使部分得到的赞美远超于他的老师。而养成了细致谨慎观察习惯的达·芬奇不管是对绘画还是对别的科学研究都抱着同样的态度，这也在未来帮助他成为大画家和大科学家。

达·芬奇

3 反复实验出真知，为现代科学提供灵感

达·芬奇一生都在探寻着科学的真知，而其中最为热衷的一项研究，就是探索飞行的奥秘。为此画出过无数的草图，做过无数次实验，他坚信人类一定可以自由地飞行。

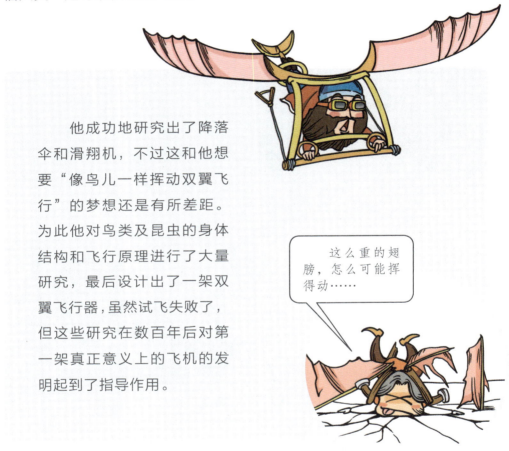

他成功地研究出了降落伞和滑翔机，不过这和他想要"像鸟儿一样挥动双翼飞行"的梦想还是有所差距。为此他对鸟类及昆虫的身体结构和飞行原理进行了大量研究，最后设计出了一架双翼飞行器，虽然试飞失败了，但这些研究在数百年后对第一架真正意义上的飞机的发明起到了指导作用。

这么重的翅膀，怎么可能挥得动……

达·芬奇留下的手稿长达1万多页，里面的很多设计至今仍有影响，有人说他是预言家，也有人说他的手稿是一部"15世纪科学技术真正的百科全书"。在他的科学世界中，早就有了汽车的影子。事实上，点燃现代汽车发明灵感之火的正是他发明的"达·芬奇汽车"。

达·芬奇汽车

此外，乐器、闹钟、自行车、照相机、温度计、烤肉机、纺织机、起重机、挖掘机……他曾有过无数的发明设计，如果这些发明设计在当时都能发表并且制作出来，也许可以让我们的世界科学文明进程提前100年也未可知。

第四章 培养想象力

达·芬奇

达·芬奇的想象力培养

1. 培养发散性思维并给予更多的自由选择。

2. 保持好奇心和探索精神,无拘无束地发展想象力。

3. 对任何事物都保持细致入微的观察和谨慎认真的态度。

4. 大量地实践和反复论证,尝试培养更多的想象空间。

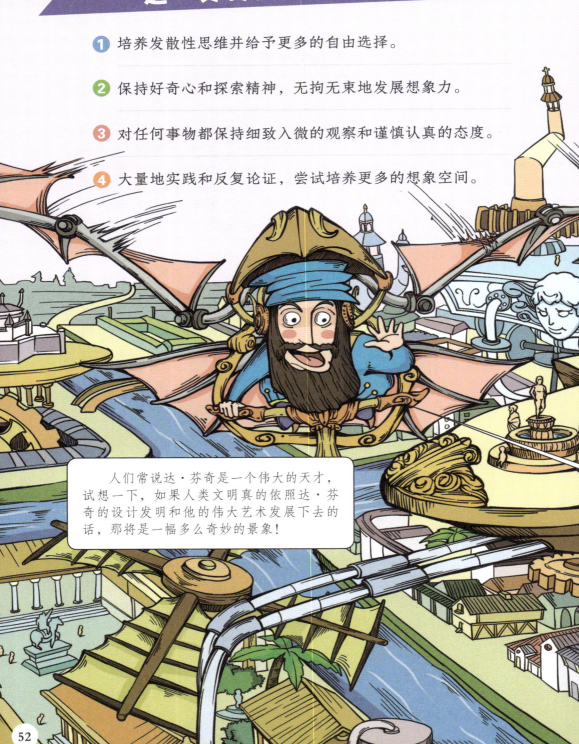

人们常说达·芬奇是一个伟大的天才,试想一下,如果人类文明真的依照达·芬奇的设计发明和他的伟大艺术发展下去的话,那将是一幅多么奇妙的景象!

想象中的奇幻世界

吴承恩

一、吴承恩其人

吴承恩（1500—1582），字汝忠，号射阳山人。汉族，淮安府山阳县（今江苏省淮安市淮安区）人。明代作家，代表作是素有"中国古代第一部浪漫主义章回体长篇神魔小说"之称的《西游记》。

吴承恩与他的《西游记》

吴承恩是一个很有才华的人，写诗、作词更是信手拈来，对书法和绘画也很有研究。他历时7年才完成了这部鸿篇巨作。《西游记》达到了古代长篇浪漫主义小说的巅峰，与《三国演义》《水浒传》《红楼梦》并称中国古典文学四大名著。

《西游记》的故事围绕着唐僧师徒组合展开，讲述了他们一路艰难困苦，经历九九八十一难才到达西天，求取真经的过程。

《西游记》有真事

《西游记》是神话小说界至高无上的瑰宝,它是吴承恩收集了很多有趣的民间故事,加上自行想象,然后和现实相结合完成的。与《红楼梦》的作者曹雪芹一样,都生活在小说不被重视的年代,大家只把小说当作一种消遣,很少有人关心小说的文学价值。

> 吴承恩,请问你是怎样写成《西游记》的呢?

> 我收集了很多有趣的民间故事,加上我的想象,然后和现实结合起来就行了。

实际上,《西游记》不仅是一个有意思的神话故事,也和当时的现实社会有很大的关联。

事实上，在我国历史上，真有一个唐朝和尚，名叫玄奘，他从唐朝的皇城长安出发，一路很辛苦地到达印度，苦行19年，带回了657部佛经。后来，民间就开始流传他的故事。

书中的玉皇大帝是天上的皇帝，却是懦弱无能的一个家伙。而当时的明朝皇帝也是只知道吃喝玩乐。关于地府的描写也参照了当时的社会现状，官官相护，草菅人命，天下乌鸦一般黑。

《西游记》里的各路大小魔头都仗着有法术，专门欺压普通百姓，干尽坏事。而当时的官吏豪绅仗着自己有权有势，也和这些魔头一样，所以……

《西游记》反映了当时的不公平的社会，黑暗的封建统治。

这才是我最希望表达的想法！

吴承恩

二、用想象力铸造真实的神魔世界

1 来自原生家庭的培养

吴承恩出生在一个由小官转为小商人的家庭,小时候的学习非常好,不夸张地说,一目十行,过目不忘。父亲很注意对他的培养,还会带着他开阔眼界,生意不忙的时候,就带着他到处走走玩玩。每到一个地方,父亲就会给他讲当地的神话小说,由此他也开始对神话故事着迷了。

2 走有兴趣的路,让别人去说吧

吴承恩一直按自己的兴趣学习,他的人生格言就是**走有兴趣的路,让别人去说吧**。他喜欢看各种各样的课外书,不仅丰富了他的知识储备,学习成绩也一直名列前茅。

如此有才华的人却在科考中屡屡碰壁,连续参加两次名落孙山,榜上无名。但他并没有灰心,也没有因此就放下自己的爱好。

呜呜呜!我居然又落榜了!

他的生活不是在书馆,就是在去书馆的路上。

有空就去听别人说书唱戏,讲神话故事。

3 幻想中的大英雄

由于失败的官场经历,最终吴承恩回到了乡里,过起了老百姓的生活。看到官府各种巧立名目收取钱财,百姓生活苦不堪言。

正巧这个时候,有人请吴承恩在一幅画上题诗,那幅画是二郎神带领天兵天将捉拿下面的妖怪的故事,于是,他就想到了被欺压的老百姓,要是有个二郎神那样的人物该多好啊。虽然自己做不了这样的英雄了,但是可以创造这样的英雄呀!

就这样,一个写作计划应运而生。

吴承恩

- 搜集资料，列提纲，参考唐朝玄奘法师西行取经的事迹。
- 决定写一个神话故事，并且充分发挥想象力。
- 要把社会上不合理的现象都找个机会批判一下，尤其是那些官员和皇帝的丑恶嘴脸，以及欺压老百姓的事例。
- 当然，最少不了的是，故事要有一个大英雄。

吴承恩用了 7 年多的时间完成了这个写作计划，也就是后人见到的《西游记》。故事完成后，他的人生也走到了尽头。回顾这一生，虽然从未达到家人的期望，不能光宗耀祖，也没考上状元，没当过大官，更不富有，但是他完成了《西游记》，足以让后世望其项背，时刻追念。

吴承恩的想象力培养

1. 培养浓厚而终身的兴趣热爱，并且长期坚持写作。

2. 始终保持强烈的好奇心和探知欲，激发潜在的想象力。

3. 善于观察身边的事物，能够将实际看到的运用到创作中。

4. 有一定的共情能力，能够将感性能力发挥到极致从而刺激想象力。

第五章
培养思维力

思维力是指个体运用智力进行思考、分析、解决问题和做决策的能力。

它包括一系列心智活动，如**记忆、注意力、语言理解、逻辑推理、抽象思考、创新和批判性思考**等。

思维力是人类智力的一个重要组成部分，对于学习、适应环境和创造性工作至关重要。

培养思维能力是一个长期的过程，需要家长和教育者的耐心和支持。使用多种活动和方法，可以有效地提高儿童的思维力，比如，**鼓励孩子提出问题，并帮助他们寻找答案；批判性思维练习；鼓励孩子尝试用新的方法来解决问题；给孩子提供难度适当的问题，激励他们思考和解决**等。

因此，培养思维能力需要一个持续的发展期，需要进行练习和不断的挑战。

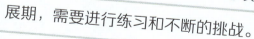

举一反三的电磁学之父

法拉第

一、法拉第其人

我们的生活离不开电,那么,是谁让我们拥有了持续的电能呢?

他就是迈克尔·法拉第!

迈克尔·法拉第(1791—1867),英国物理学家、化学家。出生在英国伦敦城南的萨里郡纽因顿镇一个铁匠家庭。因为家庭条件,他只上过两年小学就辍学了,但他通过在书店当学徒时,一边工作一边大量阅读书籍,从中学到了大量的自然科学知识,甚至自己还能进行简单的实验。

- 在哥哥的帮助下他参加了都市哲学学会。
- 22 岁时，他得到了当时的大科学家汉弗莱·戴维的赏识，成为其助手。

- 丹麦物理学家奥斯特发现了电流的磁效应后，法拉第也成功实现了电磁转化。

- 1825 年，法拉第首先发现了苯。
- 1831 年，法拉第发现了电磁感应现象，并且造出了圆盘发电机

法拉第还非常关心儿童，他的科普讲座深受小朋友的喜爱，为了让孩子们更好地理解，会挑选简单有趣的例子和丰富的现场实验展示。

1867 年 8 月 25 日，迈克尔·法拉第在书房中安详地离开了人世。

 法拉第

法拉第的电磁教室

生活中我们很难离开电，一般常见的发电方式有两种：**水和火**。这两种发电方式都离不开发电机，有了发电机，人们可以利用大自然的力量生产大量、持续的电。甚至可以说，若没有发电机，就没有我们电气时代。

做出这个发电机的人是我哦。

发电机的工作原理是基于电磁感应定律和电磁力定律。因此，研究电和磁转换是当时科学家们的重要课题。

1800 年 伏特

产生电的不是动物的身体，是金属！

安培

我似乎发现了磁场的方向……

我知道了！动物能产生电！

1780 年 加法尼

电流会产生磁场！可以影响磁铁！

到底要做什么？

沃拉斯顿

又失败了！

戴维

1820 年 奥斯特

磁可以转化成电！成功了！

1831 年 法拉第

在丹麦科学家奥斯特发现了电和磁之间存在一定的关系后，大家又不约而同地开始证明磁场产生电流，法拉第也是其中一员，在研究电磁关系的过程中，进行了成千上万次的实验，并且不放过实验中任何一点细微的特殊现象，最终发现了磁场产生电流的条件和规律——这就是电磁感应现象。

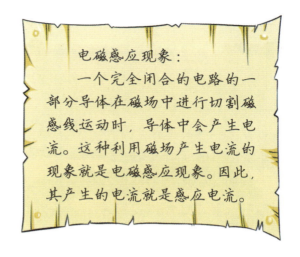

电磁感应现象：

一个完全闭合的电路的一部分导体在磁场中进行切割磁感线运动时，导体中会产生电流。这种利用磁场产生电流的现象就是电磁感应现象。因此，其产生的电流就是感应电流。

1831年，法拉第发现了电磁感应现象，并且造出了圆盘发电机。

这个看起来相当简单的"小家伙"在科学界引起了震动，因为它的出现预示着人们可以利用机械的力量发电了！

法拉第的发现不仅给世人带来了全新的对电和磁的使用方法，让大家对电的本质有了更深入的了解，也让人们开始使用"磁力线"和"电力线"的概念，为物理学的进步做出了巨大贡献。

二、一路怀疑，一路坚持的科研之路

1 从小对科学着迷，抓住一切学习机会

法拉第从小就是个非常爱学习的孩子，但是家里很穷，所以早早就辍学了，通过帮人送报纸来减轻家里的负担，也正是在那时候他认识了书商里波先生。

他对知识的渴望在里波先生的书店得到了满足。《大英百科全书》为他打开了通往新世界的大门。这个新的世界里，人们可以像魔法师一样解释和模仿各种神奇的自然现象，苹果落地不再简单，电闪雷鸣可以在实验室出现，火焰也不再是虚无缥缈的物质。在这些书的影响下，他一头扎进了科学的海洋，并且学到了非常多的物理、化学知识。他想用自己的手，亲自体验科学的乐趣；想用自己的头脑发现新世界的新领域！

2 不断汲取成功者的经验，与自身运用结合

在书店打工的时光，是法拉第大量积累知识的过程。老板里波先生也非常支持他在完成工作后拓展自己的小小兴趣。比如，得知塔特姆先生在举办自然哲学讲座，他立刻向老板争取到了去听课的时间。

这十几次讲座让他感受到了自然哲学的魅力，而他也把在书店积累的知识运用起来，把在自然哲学讲座上记下来的笔记编成了一本《塔特姆自然哲学讲演录》。

也正是靠着这本《塔特姆自然哲学讲演录》，让法拉第成功打入科学家圈，随后又认识戴维爵士，成为了他的仆人，跟随他一起去欧洲大陆进行学术交流活动，开阔眼界，增强专业知识。

作为受益者，成名后的法拉第也举办了自己的演讲，还邀请赫赫有名的科学家，以寓教于乐的方式向大众传播科学知识，这一演讲形式一直延续至今。

法拉第

3 追求真理的时候，不要害怕权威和已经有的结论

19世纪的英国还未讲求"人人平等"，平民出身的法拉第也遭遇过不公，印象深刻的是他被诬为"剽窃"的发电机事件了。

他在与老师沃拉斯顿先生进行发电机的研究时产生了分歧，沃拉斯顿先生认为，在磁场作用下，导线是可以进行自转的，经过了大量实验证明这个想法是错误的。法拉第提出了自己的想法，既然不能自转，可以让导线绕着磁铁公转。最后，事实证明，他的设想才是正确的。

但其实这并不是他第一次提出和权威不一样的见解，1846年，他就提出了可见光是一种电磁辐射的理论。但由于他特殊的教育经历，在当时并不能拿精确的算式来证明。可他并不认为自己异想天开，他把这些想法都仔细地写了下来。多年以后，一个名叫麦克斯韦的年轻人用他杰出的数学才能证明了法拉第的想法是正确的！

法拉第认为,在探索科学真理的道路上,他从来不怕打破前辈们定下的规矩,即便自己错了,也为后来的人们避开了一个错误的方向。

> 自然科学家应当是这样一种人:他愿意倾听每一种意见,却要自己下决心做出判断。他应当不被表面现象所迷惑,不对每一种假设有偏爱,不属于任何学派,在学术上不盲从大师。他应该重事不重人。真理应当是他的首要目标。如果有了这些品质,再加上勤勉,那么他确实可以有希望走进自然的圣殿了。
>
> ——迈克尔·法拉第

法拉第的思维力培养

❶ 积累大量专业知识,为开发大脑进行探测。

❷ 善于提问,敢于质疑甚至挑战权威,不断进行研究证明。

❸ 多学习多思考,甚至能够举一反三,使理解水平达到更深的层次。

❹ 培养好奇心和探索精神,尝试新事物,积极思考背后的逻辑并形成自己的观点。

将、相、王、侯于一身的风云战神

韩信

一、韩信其人

韩信（公元前231—公元前196），淮阴（今江苏淮安）人，中国军事思想"谋战"派代表人物，西汉开国名将，"汉初三杰"之一，他留下了许多著名的战例和战法，被后人奉为"兵仙""战神"。

韩信为汉朝的建立立下了汗马功劳，"国士无双""功高无二，略不世出"是楚汉之时人们对他的评价。不过汉高祖刘邦战胜主要对手项羽后，韩信的势力被一再削弱；最后，韩信由于被告造反，被吕雉（即吕后）及萧何骗入宫内，处死于长乐宫。

"楚河汉界"的由来

象棋的棋盘中间写着"楚河汉界"四个字,这是秦朝末年刘邦和项羽两军对峙的一条界河。公元前202年,楚军与汉军讲和,决定以鸿沟为界两分天下。而帮助汉军在战争中最终跨过鸿沟、完成中原大地的统一的,正是大将军韩信。

后来,韩信功高震主,遭到猜疑,又被贬为淮阴侯。曾被关进监狱,看管监狱的人敬重他,向他恳求兵法。韩信画地布阵,设楚河汉界,以纸片代棋子,演示教习。看管监狱之人潜心钻研,画格于纸,削木为棋,终成象棋。韩信也因此被称为"象棋之祖"。

第五章 培养思维力

战神经典战役一览

① 陈仓之战

汉高祖元年（公元前206年）6月，刘邦封韩信为大将。韩信以"汉中策"帮助刘邦确定"东向争权天下"的方略。

8月，他乘项羽进攻齐地（今山东大部）田荣之机，出兵东征。出征之前，他先派出1万多名士兵假装修复被毁的栈道，迷惑陈仓守军。

待主力被引诱到了栈道一线，他却率大军西出勉县转折北上，顺陈仓小道入秦川，渡渭河于陈仓渡口，倒攻大散关。就这样，他的突然袭击成功了，轻而易举地拿下了陈仓，打开了通往关中的大门。典故"明修栈道，暗度陈仓"便来源于此。

紧接着汉军主力挥师东进，占领了三秦，奠定了与项羽争雄天下的基础。

② 京索之战

汉高祖二年（公元前205年）4月，刘邦在彭城打了败仗。

于是，韩信赶到荥阳前线，利用荥阳有利地形，组织起了多层次的战略防御体系，多次击败楚军于京、索之间，歼灭了不断西进的楚军前锋，止住了汉军战略溃败的颓势。

北起荥阳南至南阳，西起洛阳东至外黄，构成一个纵横数百里的正面战场，使刘邦转危为安，为夺取下一阶段战争的胜利奠定了基础。

③ 垓下之战

汉高祖五年（公元前202年）12月，韩信亲自带领30万士兵发动了历史上有名的"垓下之战"。韩信与拔山盖世的项羽在垓下谱写了一篇壮丽凄绝的英雄史诗，被后来人称为"天王对决"。

韩信亲率汉军发动攻势，初战诈败而退，避开楚军锐气，然后引兵后撤。项羽就此向前追击。这时，事先安排好的接应部队立即从左右两边突然杀出，猛攻楚军侧面。在项羽大军穷于应付两侧的进攻时韩信又引兵杀回，将楚军三面包围。双方激战一日，楚军最终落败，大部被歼。

韩信用"四面楚歌"瓦解敌人的斗志。楚军在夜间听到四面八方传来楚地的歌声,以为汉军已尽得楚地,士气崩溃。项羽败退至乌江,在无奈之下自刎身亡。

垓下之战是楚汉相争中决定性的战役,它既是楚汉相争的终结点,又是汉王朝繁荣强盛的起点,更是中国历史上具有里程碑意义的转折点。这场战役之后,秦末的混战局面结束,汉王朝开始了它407年的统治。

二、大将军的成功课堂

1 悲苦的童年经历，铸就顽强的精神品质

小时候，韩信家里很穷，他是个孤儿，无依无靠。为了活下去，他只好到河边去钓鱼，用鱼换点饭吃，生活异常艰难。但他还是用功读书、拼命练习武功。有个人称"漂母"的漂洗纱絮的老妇人非常同情他，就把自己的饭菜分给他吃，天天如此，从未间断过。后来，韩信终于靠着自己的努力当上官，派人找到了老人家，好好报答并照顾她的晚年生活。

2 能屈能伸，面对逆境也不失做人准则

在韩信未出名之时，有次佩戴着刀剑在街上行走，一个屠夫嘲笑他，说他根本不敢用刀剑刺人。让韩信要么来刺他，要么就从他胯下钻过去。在韩信看来，他不可能去刺一个无辜的人，但屠夫带了一大帮人拦路，他也不可能顺利离开，最终便选择从屠夫胯下钻了过去。这就是历史上有名的"胯下之辱"。

3 虚心求教，不耻下问

赵国谋臣广武君是个非常有才华的人，可是赵国将领成安君却不肯用他的计策。后来韩信打败赵国后，广武君投降了。韩信知道他是个非常有智慧的人，便经常向他求教，如要攻打燕国的时候，会找他一同商量计谋。

这人真是个厉害人物！

4 努力丰富各种有用的知识,带兵打仗用得着

关于韩信有个小故事,有次他带1500名兵士打仗,战死不少人,剩下的人3人站一排,多出2人;5人站一排,多出4人;7人站一排,多出6人。他马上说出了人数:1049。原来这都有赖于他平时对数学学习的钻研,因此可以看出来不管什么时候学习知识都是大有用处的。

韩信的思维力培养

① 不畏艰辛和困难,磨练坚定的心智和精神。

② 勤学好问,积极汲取其他人身上的优点和学问,不断积累和学习。

③ 能够举一反三,通过细节看到本质,从而反败为胜。

④ 能屈能伸,智慧与精神力并存,形成真正的自信坚强的忍耐能力。

侦探悬疑小说之父

柯南·道尔

一、柯南·道尔其人

小朋友们看过动画片《名侦探柯南》吗？在这个故事里，高中生侦探工藤新一被坏人灌下了神秘药水，一下子变成了小孩子，在情急之下给自己取了个名字叫作柯南，而这就是他崇拜的偶像——柯南·道尔。

柯南·道尔是20世纪初英国伟大的侦探小说作家，因塑造了成功的侦探人物——夏洛克·福尔摩斯而享誉世界。除了侦探小说，他还曾写过戏剧、诗歌，以及多部其他类型的小说，如科幻、历史、爱情等。

最有成就的侦探小说之父

柯南·道尔一共写了60个关于福尔摩斯的故事，56个短篇和4个中篇。他的小说画面感非常强，对人物的心理描写非常细腻，情节中充满了扣人心弦的矛盾和陷阱。这些吸引人的侦探故事让读者仿佛在看电影。

> 他的小说非常有趣，我最喜欢探案过程。

> 写得有意思极了，连做梦我都在看柯南的书呢！

> 每个周末我都得去书店看看，有没有柯南的最新作品。

> 谁要是没看过柯南的书，我觉得一定是外星人！

很多读者也因此认为他本身就是个破案专家。他甚至还创造了一个旅游景点，那就是福尔摩斯的办公地点——伦敦贝克街221号B。

第五章 培养思维力

柯南·道尔

二、超强思维力打造"经典神探"

1 福尔摩斯的原型由来

1876—1881年，柯南·道尔去爱丁堡大学学习医学，毕业后当起了医生。刚开始他用读小说来消磨时间。因为爱伦·坡的破案小说，他萌生了自己写侦探小说的想法。

为了给小说设定一个主角，他想到了自己的大学老师，约瑟夫·贝尔教授。于是他就开始跟随并观察这位老师，就像在他的小说里，华生跟随福尔摩斯一样。

在贝尔老师的诊所当接待员时,他注意到老师总是在病人开口之前就能判断出病人的病情,甚至是他们的习惯、职业、住地、民族,等等。老师带给了他极大的灵感,他把贝尔老师的这一套理论全都运用在了福尔摩斯身上。这才有了福尔摩斯看人的本领就像一个巫师一样的感觉!

1888年8月—11月,伦敦白教堂地区出现了一件震惊全英国的连环杀人案,这个后来被称作"开膛手杰克"的杀手用残忍的手段杀死了5名妓女,警方却始终无法把他捉拿归案。

贝尔老师和这个案件有什么关系呢?

美国东北伊利诺伊大学的伊利·立波教授写了一本《贝尔传》,他

柯南·道尔

经过考证得到了一些证据：**当时，远在爱丁堡的贝尔和他的朋友们也对这个案子进行了分析。经过对杀人案的分析，贝尔指出了"开膛手杰克"的具体身份。他把杀手的名字放进一个信封里寄给了爱丁堡警察局，再由他们转交给伦敦警方。**具体细节没有被披露，但伦敦警方收到名字后连环杀人事件就停止了。

据说贝尔老师一生之中侦破了许多重大案件，但每次破案后，他总是默默地躲在暗处，从不张扬——福尔摩斯也完美地继承了这一品质。贝尔老师一直干到64岁才退休。1911年，这位现代刑事鉴定学的奠基人在家中安详辞世。因此，很多人都说福尔摩斯原型就是贝尔老师。

2 为自己的主角"画像"

柯南·道尔在28岁时完成了他的第一部小说《血字的研究》，而主角福尔摩斯的"面容"也渐渐有了清晰之感。

·身高1.83米，非常瘦，细长的鹰钩鼻子使他显得机警、果断；下颚方正而突出，说明他是个非常有毅力的人。

3 像福尔摩斯那样破案

福尔摩斯在书中破案，柯南·道尔在现实生活中也干了一回。

1906 年，柯南·道尔收到了一封信，在信中，一名叫乔治的英印混血律师被指控发送恐吓信以及虐待动物。虽然这名律师被逮捕后，依然有动物被虐待，警方却一口咬定这名律师有罪。但根据柯南·道尔一系列的调查，他发现警方的证据不足。

当公布这份调查结果时，全国都轰动了，都希望可以重审，给乔治一个申冤的机会。这时柯南·道尔也收到了真正的凶手写来的恐吓信，于是他鉴定了这个人的笔迹。找到了他，是个屠夫。乔治也因此洗脱了罪名。大家都觉得柯南·道尔和福尔摩斯一样，是个破案专家。

警方所找到的证据之一是剃须刀，但这刀上没有任何血迹。

发现乔治的裤子上的泥土，和犯罪现场的泥土完全不一样。

乔治的衣服上有马毛和血痕，其实是因为警察用乔治的衣服包过这些东西。

乔治是个近视眼，又散光，想深夜跑到田野残害动物，还要逃避警察的监视，非常困难。

当然,最令他骄傲的是,1907年英国建立了刑事上诉法庭。因此可以说柯南·道尔不但帮助了乔治,还间接协助建立了一套冤案申诉机制。

也许到了后世,人们还是会提到福尔摩斯,大家都快忘记了柯南·道尔。没有柯南·道尔,怎么会有福尔摩斯这个家伙,他为他带来了声誉,他作为创造者而骄傲。

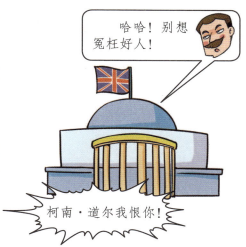

柯南·道尔的思维力培养

❶ 理科生式的思维模式,带来理性的思维和强大的逻辑思维能力。

❷ 热爱读书,培养写作热情,运用专业知识为作品增添新素材。

❸ 细心观察身边的人和事,不漏掉每一个细节,作为宝贵的经验积累。

❹ 为了创作体验各种生活,并且为尝试成为笔下人物而活动。

用一部兵法指导世界军事

孙武

一、孙武其人

孙武（公元前545—公元前470），字长卿，汉族，春秋时期齐国乐安（今山东惠民，一说博兴，或说广饶）人，著名军事家。曾在柏举之战中率领吴国军队大破楚军，占领了楚的国都郢城，创造了中国军事史上以少胜多的奇迹，为吴国立下了卓著战功。代表作《孙子兵法》十三篇，为后世兵法家所崇拜，被誉为"兵学圣典"，还被译为英文、法文、德文、日文，成为世界上最著名的兵学典范之书。

孙武与他的"粉丝们"

"伯乐"伍子胥：孙武出生在齐国一个精通军事的贵族家庭，从小就接触到了大量的军事资料。公元前532年，齐国内乱，孙武避乱出奔吴国，入吴后长期避隐深居，潜心研究兵学。此后，其好友伍子胥曾七次向吴王推荐孙武，这才让孙武有机会展示自己的军事才能。

"**贵人"吴王阖闾：**公元前 512 年，吴王阖闾与伍子胥商议，准备向西进兵。这时，伍子胥"七荐孙子"，使得阖闾同意了接见孙武。这时候，孙武已基本完成《孙子兵法》。他带着自己所著的兵法来见吴王，在回答吴王的提问时，孙武议论惊世骇俗，见解独特深邃，引起了一心图霸的吴王深刻共鸣，连声称赞孙武的见解，并以宫女、妃子 180 名让孙武操演阵法，当面实验了孙武的军事才能，于是任命孙武以客卿身份为将军，并常常与孙武探讨各种各样的军事及政治问题。

后世的"粉丝们"

司马迁：世俗所称师旅，皆道孙子十三篇

曹　操：圣人之用兵，戢而时动，不得已而用之。

诸葛亮：孙武所以能制胜于天下者，用法明也。

欧阳修：武之书本于兵，兵之术非一，而以不穷为奇，宜其说者之多也。

苏　轼：古之言兵者，无出于孙子矣。

孙子真是军神呀！

第五章　培养思维力

孙武

孙武的兵法秀场

《孙子兵法》全书共13篇，不到6000字。孙武带领吴国士兵，靠着这本书中的思想以少胜多，取得了胜利。

孙武

二、一代"兵圣"是如何炼成的

1 勤学好问,一切努力源于兴趣

孙武出生在齐国一个祖祖辈辈都精通军事的大家庭。从小特别喜欢听打仗的故事,由于爷爷和爸爸都是带兵打仗的将领,经常被他缠着一遍遍地讲故事。除了听故事,他还爱看书,尤其是兵书。把写满字的竹简拿下来翻看,有不明白的问题就请教老师,或者去找爷爷、爸爸问个明白。这种"任何事情都一探到底"的习惯伴随他的一生。

很多人都觉得孙武是天才,但其实他并不是天生脑子里就有各种计谋,只有博览群书,研究揣摩各种兵法,加上自己的思考之后才能成就以后的他。

2 以退为进，为了理想而做出合适的选择

孙武长大后，齐国国力开始衰弱，并且经常内战，早已没有称霸的实力。这时，他看中了东南方的吴国，吴王正在想办法努力治国，他想，这应该是可以实现理想的地方。但他并没有立刻行动，而是选择先在吴国隐居下来，苦心研究，著成了传说中的《孙子兵法》，然后请朋友伍子胥把他推荐给吴王。

为了测试他有没有能耐，吴王把180名宫女、妃子交给他训练。为了严肃军纪，他甚至砍杀吴王的两名宠妃，但也因此得到吴王的欣赏，封他为将军。

3 善于观察，自创拳法

有一次，他在散步时，发现书房后的梅树上开满了梅花，树枝在风中摇来摆去，观察之后，决定结合梅树的形态变化，创造一种用以强身健体、克敌制胜的拳法套路。再后来，他在梅花拳的基础上加入其他器械，又创造出了梅花刀、梅花枪、梅花剑等器械搏击套路。

4 好的兵法是胜利的保证

公元前512年，孙武和伍子胥指挥的吴国军队占领了楚国的两个城市，继而继续攻打楚国首都。孙武派三支部队，轮流骚扰楚军。第一支部队进攻时，楚军迎战，吴军撤退。楚军刚退回据点，第二支部队开始进攻，然后是第三支部队，就这样循环往复。期间，还采用各种策略孤立楚国。

5 看透时局,急流勇退

强大起来的吴国开始攻打越国。吴王阖闾死于吴越战争中,太子夫差当上了新的吴王。随着吴国霸业的蒸蒸日上,夫差渐渐自以为是,不再听信忠臣的话了。

越王勾践求和,他竟然不顾孙武和伍子胥的反对,同意了。夫差自认为兵力雄厚,越国根本不足挂齿,反而觉得这两人是在挑拨离间。

继续跟着这样的吴王，也不会有什么好结果。于是孙武便干脆退出了吴国的谋士圈，归隐深山，把写好的兵法十三篇重新修订，使作品更加完善。

而此时的越王勾践则卧薪尝胆活着回到越国，大力发展经济和军事。

公元前482年，越军乘吴军主力聚集黄池与中原诸侯盟会、吴国国内兵力空虚之际，发兵袭击吴国，攻入吴国国都。吴国从此一蹶不振，到了公元前473年，正式被越国灭亡。吴王夫差悔恨交加，自杀身亡。

孙武的思维力培养

1. 勤学好问，并且对各种事物都充满好奇心，想要一探究竟。

2. 发展个人兴趣点，找准方向，钻研努力，积累知识。

3. 尝试多维度思考，学会举一反三，根据不同的形势变化采取手段。

4. 以退为进，为了成功设立目标并朝着目标坚定前进。

第六章
培养创新力

创新能力是指个体或组织产生新想法、发现新方法、创造新产品或改进现有做法的能力。

这种能力涉及**创造性思维**、**问题解决**、**风险承担**和**实验精神**。它不仅包括想象新概念的能力，还包括将这些概念实现并应用到实践中的能力。

培养创新能力可以尝试对周围的世界保持好奇心，探索未知；接触不同的知识领域和学科，跨学科学习激发新的思维方式；不断更新知识等等。

培养创新能力是长期且持续的过程，需要不断地**实践、尝试和反思**。培养儿童的创新能力时需要为他们创造支持和鼓励创意思考的环境。

"给我一个支点，我能撬起地球"

阿基米德

一、阿基米德其人

阿基米德（公元前287—公元前212），古希腊哲学家、数学家、物理学家。出生于西西里岛的叙拉古，一生勤奋好学，在科学领域有着卓越的贡献。

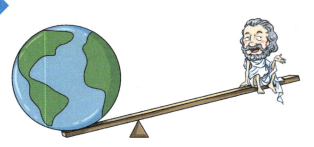

阿基米德到过亚历山大城，据说他住在亚历山大城时发明了阿基米德螺旋提水器。后来阿基米德成为兼数学家与力学家的伟大学者并享有"力学之父"的美称。

阿基米德的科学练习本

阿基米德在亚历山大城求学时就萌发了极大的对于机械的研究兴趣。他的第一个发现就是杠杆原理。

杠杆原理也叫"杠杆平衡条件"，简单来说，就是说要使一个杠杆平衡，作用在杠杆上的两个力矩大小必须相等。

力矩是什么呢?
是指力与力臂的乘积,如果一头大象和小朋友们来玩跷跷板,那么就有两条力臂,一条是支点到大象的部分;另一条是支点到小朋友们的部分。

阿基米德曾经发明了一种提水器,直到两千年后的现代,埃及还有人使用这种工具。这种提水器靠转动的螺旋把水带进外面的圆筒中,由于螺旋和圆筒内壁形成了一个相对密封的空腔,水也就被从河里运送上来了。这个工具也是后来螺旋推进器的先祖。

阿基米德在几何学的成就就是把欧几里得严格的推理方法与柏拉图的丰富想象和谐地结合在一起,预告了微积分的诞生。

阿基米德螺旋提水器

阿基米德

二、阿基米德的科学创造潜能开发

1 投入和专注是成功的条件之一

说到投入和专注，阿基米德闹过不少"笑话"。有一次，叙拉古的赫农王找到阿基米德，他怀疑制造黄金王冠的工匠私吞了一部分黄金，在里面掺了假，希望阿基米德帮忙查验一下。

王冠不能被毁坏，他苦思冥想、心急如焚也想不到好的办法。当他进入浴盆时，洗澡水溢了出来，突然之间，他想到了一个办法，连衣服都没穿好就要往外跑！

来到王宫，阿基米德在两个一样的盆里放进一样多的水，然后拿出和王冠同等重量的黄金放进去，结果溢出的水不一样多。

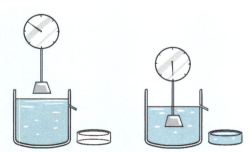

问题解决后,他也因此得出伟大的物理原理:**阿基米德定律**。

阿基米德定律:
浸在液体中的物体受到向上的浮力,浮力的大小等于物体排开的液体所受的重力。

如果王冠是纯金的,那么它的体积应该跟同等重量的黄金一样大,溢出的水也一样多!

所以,我的王冠果然掺假了!

2 发明创造要应用于实际

赫农王曾经替埃及托勒密王造了一艘很大的船,船造好后,动员了叙拉古全城的人,也没法把它推下水。于是,他找到了阿基米德让他帮忙解决这个问题。阿基米德答应国王后,就利用杠杆和滑轮的原理,设计、制造了一套巧妙的机械,把一切都准备好后,阿基米德请国王来观看大船下水,他把一根粗绳的末端交给国王,让国王轻轻拉一下。顿时,那艘大船慢慢移动起来,顺利地滑入水里。

3 在实际应用中发挥想象力

阿基米德讨厌战争。但当他的家乡被罗马军队攻打沦陷后，为了保卫自己的祖国，他制造了一种叫作石弩的抛石机，把大石块投向罗马军队的战舰，或者使用发射机把矛和石块射向罗马士兵。这些武器阻挡罗马军队的前进。他利用杠杆原理制造出来的投石机，凡是靠近城墙的敌人，都难逃投出的飞石或标枪。还有大型起重机，把罗马的战舰高高地吊起，随后呼的一声将其摔入大海中。

即使罗马军队遭到了打击,却还是不停地攻击。直到城里只剩下了老人、妇女和孩子,在这万分危急的时刻,阿基米德想到太阳光的能量能够加以利用。

太阳的能量绝对可以利用!

于是,他和大家一起每人拿着一面镜子来到海岸边,让镜子对准强烈的阳光并集中将光线反射到敌舰的主帆上,千百面镜子的光聚集在船帆的一点上,船帆燃烧起来了。火势趁着风力越烧越旺,罗马人以为阿基米德又发明了新式武器,再一次败退了。

因为阿基米德发明的各类御敌武器和大家坚强的意志,一度让罗马军队损失惨重。他利用自己的发明创造守护了家乡和人民。

 阿基米德

阿基米德的创新力培养

① 能够打破常规，大胆发挥想象，发散思维，不给自己设限。

② 保持极强的好奇心和专注力，对所研究的事物不断地探寻真相。

❸ 不畏惧困难，敢于尝试和创新，不怕失败，反复实验。

❹ 将想象能力落到实处，开展更多应用于实际的发明、创造，造福更多人。

战场上的改革家

巴 顿

一、巴顿其人

小乔治·史密斯·巴顿（1885—1945），陆军上将，第二次世界大战中的美国著名将领。在二战中，他带领军队远征北非，横扫欧洲，战无不胜，因为勇猛凶悍，为了胜利，不惜付出一切代价，被人们称为"血胆将军"。

为战争而生的人

巴顿的勇敢是公认的，在战场上没有什么是他不敢做的。他最大特点就是以他的精神去激励部下，用他的个性去影响部下在战场上奋勇向前。他的演讲从来不超过15分钟，但却简洁有效。

巴顿将军10分钟演讲稿分析

1. 明确目的和目标。
2. 做好战前动员，给士兵以鼓舞。
3. 强调组织内部的分工合作、团队的重要性。

死亡率2%
生存率98%

放心去战斗吧，士兵们！

巴顿的用兵特点

1. 不拘泥于传统战术，善于灵活调动部队。
2. 声东击西，善用坦克迂回到敌侧翼或敌后实施攻击。
3. 在远程突击和追击中敢于推进。
4. 重视发挥各级军官的整体作用。
5. 拥有一支直接听命于他的侦察部队，专门负责收集情报。

 巴顿

二、战场改革家的成长历程

1 家人是最好的好榜样

巴顿出生在加利福尼亚,爸爸是当地的一名检察官,他的朋友约翰·史格顿·莫斯比,是美利坚联盟国中的骑兵英雄和游击战领导人,经常给巴顿讲述南北战争中的英雄事迹。因此,他从小就立志成为一名将军或者英雄。

后来,连他的儿子也选择入伍,指挥过第 11 装甲骑兵团以及第 2 装甲师,创下美国军事史上首个父子先后统领同一部队(第 2 装甲师)的历史。

2 体育可以磨练人的意志力

在1912年的斯德哥尔摩奥运会上，27岁的巴顿自费参加了这届奥运会新设的铁人五项赛。在参加游泳比赛的时候，游完300米上岸后他就休克了。醒来后，他拼命完成最后一项4000米越野跑。最终，取得了整个赛项的第五名。

他之所以选择参加这个比赛，是因为射击、游泳、击剑、马术和越野跑五个项目组成铁人五项，是一个军事训练综合项目，能培养军人勇敢顽强的品质。他认为，一个标准的军官首先应该是一个标准的斗士。

手枪口径太大，还有两发子弹打脱靶了！

巴顿

3 卓越的武器设计才能，与时俱进的思想境界

巴顿的才能并不只是体现在带兵打仗上，在武器设计方面他也厉害得不得了。

巴顿在法国学习时，见识到了法国骑兵使用马刀的厉害之处。法国人是用刀尖去刺，而美国人则是用刀刃去砍。很显然，刺比砍的作战效率更高。

不久，他主张改进军刀的论文在颇有影响力的《陆海军杂志》上发表。当时的美国军械部长认为，巴顿设计的新军刀是一种理想的击刺武器，能够完美地刺杀敌人。他认为，巴顿作为一位击剑手的技巧和经验，对于军械部的价值是无限的。

真是神器！

三年半后,巴顿又成了美军的第一批坦克手。当时坦克刚刚问世,里面漆黑一团,噪声巨大,根本听不清说话。为了必要的联络,巴顿发明了一套新的联络方式。

就这样,巴顿在不到半年的时间组建了6个坦克连,成了美国装甲部队的创始人。美国人将M46坦克、M47坦克、M48坦克、M60坦克均命名为巴顿坦克。他因此获得"美国第一坦克兵"的赞誉。

4 敬人者,人恒敬之

士兵是军队的躯体,如果没有这个躯体,就没有生命。巴顿常说:"军中每个战士都扮演着一个重要角色。每个人都是一条长链上必不可少的环节。"因此,他对每一位士兵都关爱有加。

他非常敬重在战场上负伤的士兵,他们是部队重新获得战斗力的源泉。他们身上的每个伤痕都是英雄的标志。

巴顿

巴顿有一次在前线伤兵帐篷探望伤员，其中一位身体完好无损的士兵引起了他的注意。

他在病历里看到了"神经官能症焦虑状态，中等程度"的字眼，这个叫库尔的士兵被当作逃避作战的胆小鬼，被巴顿扔出了帐篷。有人认为他在虐待病患而将此事捅了出去，也因此更多人认识到"战斗疲劳"真的是一种精神疾病。

很多人问巴顿为什么对胜利那么渴望,他常常告诉士兵:20年后,当你在壁炉边,孙子坐在你的膝盖上问你在两次世界大战时干了些什么,你不用尴尬地干咳一声,吞吞吐吐地说:"啊……爷爷我当时在路易斯安那做农活。"与此相反,你可以说:

巴顿的创新力培养

❶ 利用自身优势,朝着兴趣的方向不断努力研究。

❷ 磨练坚强的意志力,提升自身专业素质,为自身事业积累。

❸ 取长补短,学习先进技术,创造更多新式发明。

❹ 思维灵活,不拘泥于单线思维,具有与时俱进的思想。

改变女性意识的时尚女王

香奈儿

一、香奈儿其人

加布里埃·香奈儿（1883—1971），出生于法国的索米尔。法国时装设计师，香奈儿品牌创始人。

香奈儿，现代主义的见解，男装化的风格，简单设计之中见昂贵，让她成为20世纪时尚界重要人物之一。她倡导女权，既赋予女性行动的自由，又不失温柔优雅。

香奈儿改变女装指南

在香奈儿改革女装前，女性的服装设计依旧突出女性娇弱、温柔的一面，而复杂的衣裙更让女性行动不便。于是香奈儿在设计上进行了大胆的改变。

这衣服是想让女人窒息吗！我要重新设计！

- 在女性服装上使用了很多当时男装才会使用的布料和款式。
- 摆脱了紧身胸衣。
- 简洁的小黑裙，打破黑色代表不吉利和诅咒的观念。
- 人造珠宝的使用。
- 独特的香水。

- 把女性的裙摆剪至膝盖，使人可以自由活动。

- 干练裤装和简单草帽。

- 给手包装上背带，解放双手。

第六章 培养创新力

117

 香奈儿

随着女性解放运动的深入,女性逐渐摆脱了花瓶的定位,开始进入社会工作。香奈儿对女性服装的简化适应了女性当时的需求,因此香奈儿的衣服就成为时尚的代名词。

香奈儿用她的设计一再提醒女性和全社会,女性是拥有多种面貌的人, 她们也是可以承担社会责任的人。那么,这样一位自信、独立的女性是怎么长成的呢?

我的设计理念很简单,女人需要独立和事业,也不能因此就丢掉美丽。

二、自立自强的香奈儿

1 始终坚持做自己

香奈儿的少女时代并没有多少选择的余地,从小在孤儿院长大,受到的教育都不是自己可以挑选的。

第六章 培养创新力

在成年之后，人生开始面对一个个岔路口，从一个孤女到拥有自己的客户，开设自己的店面，受到全欧洲时尚界的追捧，这看似顺利的过程其实充满了各种艰难的选择。

香奈儿始终认为保持个人的独立非常重要，然而在那个女性只能迎合男性的年代，要坚持自我选择非常痛苦。过人的才能加上十足的信念，才能战胜各种诱惑，选择独立前行的道路。

119

 香奈儿

2 坚韧不拔的精神

1913年，香奈儿借钱开了第一家服装店。当时的她虽然因为制作帽子已经小有名气，不过却没多少人见过她设计的服装。

为了向大家推销自己的服装，香奈儿和姑姑穿着自己设计的衣服到镇上去当模特。由于请不起更多的人，在自己的店里她也要身兼多职。好在努力没有白费。1914年，香奈儿在巴黎开设了第二家服装店。四年后，她还清了所有借款。

3 想象无限，创新不断

香奈儿喜欢观察生活，她会把所有看到的东西纳入自己的设计素材宝库中，很多大家常见的元素经过她的设计，也能焕发出耀眼的光彩。人们甚至认为，在枯燥的孤儿院生涯中，她的观察能力就比一般人强，走廊地面铺筑的星星和月亮的图案、精美的十

字架等都可以从她的设计中看到，甚至连她的品牌——香奈儿著名的"双c"标志，也似乎来源于教堂彩色窗户上的几何图案。而对于这些小小的发现，她会说："**时尚充斥在空气中，人们每时每刻都能感受到它的存在。**"

香奈儿的创新能力

❶ 细心观察生活中的每一个细节，吸纳一切可以利用的素材

❷ 保持独立的人格和思想，不被外界所影响，坚持自己的意见

❸ 敢于打破自己的边界，不断发挥想象力和创作能力，大胆进行思想革新

❹ 有极强的共情能力，尽力满足大多数人的需求，创作更多新设计

我不做时尚，我就是时尚。

好奇心不死！大胆创新的画家

毕加索

一、毕加索其人

巴勃罗·鲁伊斯·毕加索（1881—1973），是西班牙画家、雕塑家，法国共产党党员，现代艺术的创始人，西方现代派绘画的主要代表。但是，毕加索的全名是：巴勃罗·迭戈·何塞·弗朗西斯科·德·保拉·胡安·尼波莫切诺·玛利亚·德·罗斯·瑞米迪欧斯·西波瑞亚诺·德·拉·山迪西玛·特立尼达·帕里西奥·克里托·鲁伊斯·布拉斯科·毕加索。

怎么样？这个名字一口气念不完吧？

西班牙官方统计

毕加索的作品总计近37000件

油画 1885 幅　　素描 7089 幅

版画 20000 幅　　平版画 6121 幅

他是一位多产的画家，当时的人们称他为**"人类艺术史上罕见的天才"**，在 20 世纪的艺术史上留下了浓墨重彩的一笔！

毕加索的荣誉

- 第一个亲眼看到自己作品被卢浮宫收藏的艺术家；
- 法国的民意调查中，被选为20世纪最伟大的十位画家之首；
- 在全世界最贵的拍卖绘画作品占4幅。其中油画《拿烟斗的男孩》是世界上最贵的画，卖出了1.04亿美元的天价。

> 毕加索，了不起！
> 毕加索，我爱你！
> 毕加索，你真棒！

"和平鸽"的创始人

1949年，保卫世界和平大会召开，毕加索为大会画了一幅《和平鸽》，俊秀的少女头像旁，一只鸽子展翅欲飞。后来，这被称为"和平鸽"的小生灵，成了和平的象征，迅速出现在世界各地，每一届的奥林匹克运动会，都会出现和平鸽的身影，而毕加索也成为和平鸽的创始人。

第六章 培养创新力

 毕加索

二、不断创新、充满想象力的艺术家

1 家长是孩子最好的老师

毕加索的爸爸是一位美术老师。可能是遗传了爸爸的美术细胞,他从小就特别喜欢画画。他常常用惊奇的目光看着爸爸画画,然后拿起画笔,模仿爸爸画画的样子,画一些螺旋形、圆形、曲线形的"小甜饼"。

在他6岁的时候,爸爸把毕加索送到了最好的一所学校。他有时在作业本上画画,画各种类型的画。对于画画,爸爸一如既往的支持,让他带着画筒和画笔去上学。

爸爸还常常带毕加索去看斗牛,把斗牛中的每一个细节都讲给他听。鸽子和斗牛也成了他后来经常进行创作的主题,给了他许多灵感。

毕加索8岁的时候开始创作油画,第一幅画是**《马背上的斗牛士》**。

第六章 培养创新力

后来,他渐渐长大,形成了和同时代的所有的著名画家都不同的画法和风格。

2 永远好奇,永远自由随心

19岁的时候,毕加索到巴黎留学,巴黎街头的乞丐、流浪汉、马戏团的小丑们成了画家们最喜欢创作的人物。

 毕加索

1901年，毕加索的第一次画展在巴黎举行，得到了权威媒体非常好的评价。赞扬如潮水涌来，可是他前进的脚步并没有停下，继续尝试新画风，创作新的属于自己的风格。不久他想到了一个全新的美术手法——拼贴。拼贴就是画画的时候，在画中贴上纸或者布匹一样的东西。这在当时的绘画界是难以想象的绘画手法。

最近很流行毕加索的拼贴画，赶紧买回去装饰一下房间！

巴黎世界报

新偶像、新画风，这就是来自西班牙的年轻小伙子，一个叫作毕加索的画家，他将是本年度最有实力的新人，也是最佳新人。

3 丰富多彩的生活，提供源源不断的灵感

艺术源于生活！没错，毕加索的生活丰富多彩，他喜欢运动，还热爱大自然，总是能在大自然中寻找喜欢的素材。

跑步健将　爬山壮士　游泳高手

这样的生活让他充满了灵感。身为一个画家，作品才是最重要的。毕加索一直活到92岁，他的画笔从来没有停下过。

生活是美好的，是要努力创造的、积极向上的。而关于画画的探索，他从未停止过，永远变化、永远尝试更多的新画风。

4 不断创新，创作不止的画坛斗士！

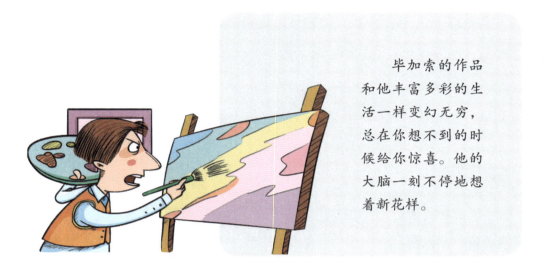

毕加索的作品和他丰富多彩的生活一样变幻无穷，总在你想不到的时候给你惊喜。他的大脑一刻不停地想着新花样。

1906年，毕加索受到非洲原始雕刻和塞尚绘画的影响，转向探索一种新画风。力求使画上的诸多块面皆具有凹凸感，该画看起来好像表现的是一个浮雕的图像。利用这种风格，他画出了一幅具有里程碑意义的著名杰作——《亚威农少女》。

刚开始，他遭到了严重的质疑，但是不久以后，人们发现这是一次绘画方式的革命，他得到了大家的认可。不过，人们的喜好总赶不上毕加索改变的速度。当人们还陶醉在这种风格的时候，毕加索已经去忙着追求另一种风格了。

在战争期间,毕加索也没有停止过创作!

他创作了立体主义、现实主义和超现实主义相结合画法的油画《格尔尼卡》。

 毕加索

除了油画、素描和各种版画等数不清的绘画作品之外，毕加索对雕塑、制作陶器甚至舞台服装设计都很感兴趣。

毕加索一生不断探求新的艺术手法，他在各种变换的风格中，保持着自己粗犷刚劲的个性，然后将自己的个性和各种手法的使用达到了完美的统一与和谐。毕加索这种充满了激情的创造性，以及强烈的探索精神是世界美术发展不可缺少的推动力。

毕加索的想象力培养

① 宽容的家庭教育，全身心投入热爱和兴趣之中，发展潜在能力。

② 自由的创作环境，时刻保持初心，不盲从、不妥协，坚持发挥个人想象。

③ 热爱生命，阳光开朗，在生活中不断汲取创作能量。

④ 善良、共情力强，运用自身的力量进行艺术表达，体现出精神追求。

⑤ 不断进步，不断创新，积极大胆地开拓创作的边界，让创作永不停止。

第七章
培养领悟力

领悟能力通常指的是个体理解、吸收和运用新信息的能力。

它包括快速把握事物的本质、理解新概念以及将新知识与既有知识结合的能力。领悟能力强的人能够迅速理解复杂信息，从而在学习和解决问题时更加高效。

培养儿童的领悟能力需要从小开始，家长和教育者可以提供丰富的学习资源；鼓励孩子提问，激发他们的好奇心和探索欲望；鼓励自主学习；让孩子参加不同类型的教育活动，增加实践经验等。

这些方法可以帮助孩子逐渐提高理解和应用新知识的能力，从而在未来的学习和生活中更加得心应手。

现代科学驱动者

伽利略

一、伽利略其人

伽利略·伽利雷（1564—1642），意大利数学家、物理学家、天文学家，科学革命的先驱。他不仅是近代实验科学的奠基人之一，还开创了以实验事实为根据并具有严密逻辑体系的近代科学，因此被誉为"近代力学之父""现代科学之父"。

我——伽利略·伽利雷，为了防止你们混淆，还是直接叫我的名字吧。

在人们连地球和太阳到底是谁绕着谁旋转都还不确定的时代，他通过实际的观测以及严谨的实验，改变了人们长久以来对世界的认知。

伽利略的伟大发现和发明

· 1583年发现摆原理。单摆不管摆动的幅度多大，所用的时间都是一样的，而这个时间的长短，也只和摆线的长度有关。

嗯……不管怎么摆，每次时间都一样……

· 发明了流体静力天平，这种天平可以很快测出合金的成分。

· 1586年写下了论文《天平》，列举了浮力、杠杆方面的研究，并且加入流体静力天平的内容。被誉为"当代的阿基米德"。

· 又写出了论文《论重力》，第一次揭示了重力和重心的实质，并给出准确的数学表达式。

· 1593年，伽利略研制出了世界上第一支温度计。

· 1609年，发明了第一台真正意义上的天文望远镜。

· 1633年，他编写的《关于托勒密和哥白尼两大世界体系对话》，认为惯性是物体运动的客观规律，这个理论推翻了1000多年来崇尚亚里士多德的学者们对物体运动的认知。

温度计

摆的原理

伽利略一生有过非常多的发明和发现,摆动的问题大概算是其中最有代表性的。

某天,他发现了吊灯摆动的频率是有规律的,于是一边摸着自己的脉搏,一边默默测量起了吊灯每次摆动的时间,出乎意料的是,吊灯从最开始幅度很大的摆动,到后来几乎停止,每次摆动的时间几乎是一样的!

哎!那个灯的摆动……

他又找来了各式各样的物品，石头、木球、小铁块等，分别系上绳子挂起来。然后发现，不管绳子下面是什么材质的物品，只要绳子的长度不变，那么摆动一次的时间几乎是完全一样的！

这次对于摆线以及摆动时间的研究，体现了伽利略对科学的态度。经过仔细的测量，得出"**一条摆线的长度是旋转圆直径的4倍，面积则是3倍**"的结论。

 伽利略

日心说

伽利略发明出第一架"天文"望远镜，放大倍数从20倍升到30倍，再升到40倍，能够看见的星球越来越多，也越来越清晰。

通过天文望远镜可以观察到：**天体的表面和地球一样有高有低，并不是都围绕地球旋转，它们不仅会围绕另一个天体转动，自己也会旋转。**

1633年，《对话》这本书变成他的"日心说辩护书"，努力让太阳才是中心的理论深入人心。随后，他又提出了"惯性"这个概念。

二、伽利略的科学心得和创造

1 大胆假设，小心求证

伽利略在使用望远镜观察到了宇宙中的神奇景象之后，也发现了一个特别的问题，那就是很多星星都在自转。如果地球也一样自转，那人们日常生活为什么感受不到"地面在运动"？于是伽利略提出了一个大胆的假设，

很多人并不相信伽利略的说法，于是他进行一系列实验，最终的结果证明亚里士多德"地心说"的理论是错误的。

在此之前，人们想要了解自然界，基本上就是靠想，然后根据流传下来的经典加上自己的理解整理出一个逻辑来。从伽利略开始，人们自己理解了，也一定要用实验数据来验证正确性后才能下结论。使用了这个方法，科学才真正和哲学思考分开了。这一套方法被称为"思想实验"，这种方法可以得出很多在现有条件下无法进行的实验结果，这正是物理学的开端。

2 做事要有目标有计划

伽利略不管做什么事情，都有目标、有计划。为了能够证明物体可能因为惯性而一直运动下去，他尝试用各种各样的材料来制作轨道和小球。对于同样一个实验，做了上百次后，直至找到最合适的材料才制作出了实验工具，然后进行演示。

正是经过仔细的比对，以及明确的目标，他才最终找到了正确的实验用具，做出了让人满意的实验。

3 不盲从前人的理论和知识，有独立的思考能力

伽利略一生都在不停地挑战权威。他看过非常多的书籍，也对这些书籍中的理论进行了深入的了解和探索，对书中正确的部分给予肯定和继承，对传统的错误观念绝不盲从。他对很多错误的理论进行过反驳，其中最著名的是比萨斜塔实验。

伽利略

亚里士多德曾说过：**重的速度快，所以会先落地；轻的速度慢，所以后落地。**于是伽利略带着两个重量不同的铁球上了塔顶。

经过这个实验，人们几乎可以肯定，物体下落的速度和它的重量无关。（后人根据记载发现，比萨斜塔这个故事也许是虚构的）。

经过多次实验后，伽利略再通过擅长的"思想实验"方法，最终通过计算和推演证明了"重量与物体下落的速度无关"这个结论。

在仔细了解前人学说的基础上，大胆质疑，对其中错误的部分进行仔细的验证，才能得出正确的认知。另外，大家在学习的时候也应该坚持这种态度。只有在学习时坚持认真的态度，在思考时保持开放的心态，然后经过严谨的推理和证明，才能踏上真正的成功之路。

伽利略的领悟力培养

❶ 热爱学习，大量阅读各种优秀书籍吸取有用知识，为自己储备更多知识。

❷ 敢于质疑前人，提出不同意见并坚定正确的理论。

❸ 一切的理论都要在反复试验并确定的基础上提出，坚持科学真理。

❹ 不断学习，不断进行思想革新，理解前人理论基础，创造更新、更科学的理论。

百科全书式的全才
牛顿

一、牛顿其人

艾萨克·牛顿（1643—1727）出生在英国，不仅是物理学家、数学家和天文学家，还是英国皇家学会会长。

牛顿成就一览

- 提出了白光由各色光组成的理论。
- 是开创微积分学的数学家之一。
- 提出万有引力定律、力学三大定律——此后300年的物理学观点基本上都是以此为基础。
- 提出了金本位制度。
- 发明了反射望远镜。
- 写出了《自然哲学的数学原理》《光学》两部著作。

牛顿定律课堂

在牛顿那个时代，小孩子不一定读书，更不用说系统地学习物理、化学了。而科学家们却在忙着研究"所有的运动都有规律，但是为什么会产生这个规律？"

牛顿所研究的就是**万有引力定律**，它是指自然界中任何两个物体都是相互吸引的，引力的大小跟这两个物体的质量乘积成正比，跟它们的距离的二次方成反比。

牛顿

① 牛顿第一运动定律

又称惯性定律。任何物体都要保持匀速直线运动或静止状态，直到外力迫使它改变运动状态为止。

> 大家一起向前走，马车停了你没停，这就是惯性。

② 牛顿第二运动定律

物体加速度的大小跟作用力成正比，跟物体的质量成反比；加速度的方向跟作用力的方向相同。

> 瞧，这就叫给了铁环一个加速度。

③ 牛顿第三运动定律

相互作用的两个物体之间的作用力和反作用力总是大小相等的，方向相反，作用在同一条直线上。

> 你打别人，别人疼，你也疼。这就是作用力与反作用力。

在天文学方面,根据万有引力定律以及公式可以计算出行星、卫星、彗星等运行的轨道,其中包括海王星的发现。再一次的计算之后,人们又发现了冥王星。这些理论都在 1687 年发表的论文《自然哲学的数学原理》里进行了描述。

它们成为现代工程学的基础,并且给天文学和力学领域带来了一场"科学革命"。为了纪念牛顿在力学方面的功绩,将衡量力的大小的单位定为**"牛"(N)**。

牛顿

1666年，牛顿用三棱镜研究日光时发现：白光是由不同颜色的光混合而成，不同颜色的光波长不同，折射率也不同。这个发现成为光谱分析的基础。

在人类能看见的光中，红光波长最长，折射率最小；紫光波长最短，折射率最大。

牛顿还和德国数学家莱布尼茨几乎同时创立了微积分学，得出了导数、积分的概念和运算法则，阐明了求导数和求积分是互逆的两种运算，为数学的发展开辟了一个新纪元。

牛顿还确定了冷却定律，即当物体表面与周围有温差时，单位时间内从单位面积上散失的热量与这一温差成正比。

牛顿的发现和思想虽然也会受到时代和一定的科技的限制，但他的这些发现和理论为整个科学界带来了巨大的改变，这也非常值得后世对他的崇敬和赞扬了。

二、牛顿的学习建议

1 抓紧每分每秒学习与思考

牛顿从小就非常热爱学习，尤其识字后，更喜欢自己找书来看。

中学时进入金格斯皇家学院。读了几年后，就被母亲带回家下地干活，但他并没有停下学习的脚步。终于,他的好学感动了舅舅。舅舅和校长一起劝说母亲同意牛顿复学。

随着年龄的增长,牛顿对于学习越来越分秒必争,因此发生了不少让人哭笑不得的事情。一次相亲时,他的头脑一刻也停不下来,就连和姑娘说话时也全是数学公式;一边想问题一边去学校的食堂吃饭,走着走着就忘记要去吃饭这件事;甚至在他没时间出门吃饭,仆人把晚饭送到房门口来时,会发现午饭还原封不动地放在屋子外面。

可以说,除了睡觉,他一刻也没有停下思考和学习。或许人们觉得他是个天才,但只有他自己知道除了顽强的毅力之外,他成功的秘诀就是勤奋与耐心思考。

第七章 培养领悟力

牛顿

2 以小见大

在学习知识、思考问题时候，要善于从一个点进行深入挖掘。牛顿和苹果的故事，就是其中的重要代表事例。

那时候，有很多科学家在研究让地球上的东西都向着地球中心方向运动的"力"，他也不例外，虽然知道有某种"力"，不过要怎样证明它的存在，以及怎样计算、衡量呢？

就像苹果落地这样一件小事，牛顿也会注意到它背后的原因，然后进行深入地挖掘和思考，和自己的研究联系起来，于是便在许多科学家研究了很长时间都无法突破的重力起源问题上得到结论，得出了"万有引力"定律。

3 不怕难题，勇于挑战

牛顿生活的年代，很多问题亟待解决，甚至连物理、化学这些学科分科都没有。除了天文、物理，牛顿对化学也很有兴趣。但他们那时没有化学，只有"炼金术"。他只能从幻想小说一样的炼金秘籍中尝试找寻自己想要的真相。

牛顿不光勇于探索自己未知的领域，对于已有的成就也有着永不停止的钻研精神。

1696 年，数学界有人向所有数学家发出了挑战，这个人就是年轻的约翰·伯努利，他向全欧洲的数学家提出了一个问题，并且给了大家半年的时间来解出这道题。

> 约翰的问题：一个质点在重力作用下，从一个给定点到不在它垂直下方的另一点，如果不计摩擦力，问：沿着什么曲线滑下所需时间最短？

由于牛顿工作过于繁忙，竟然没关注到这个大事件。一年后，仍未有人解答出来，于是他收到了约翰的挑战信，信里面正是他那个引以为傲的问题。他本来已经累到站着都能睡着，但是看到这么有挑战性的问题，废寝忘食地开始思考、验算，最终解答出来并寄了过去，最终挑战成功！

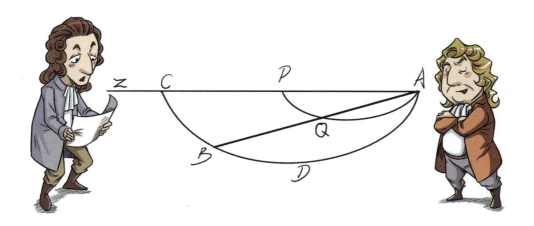

牛顿

牛顿的领悟力培养

❶ 勤奋好学,抓住一切可以学习的机会,努力积累各种知识。

❷ 努力开发大脑的功能,多思考,调动活跃的思维,让大脑更加灵活。

❸ 谦虚的态度和永不停止的钻研精神,提高理解、领悟能力。

❹ 专注的注意力和一丝不苟的科学求知欲,不断创新研究成果。

第七章 培养领悟力

有个性的思想家

老 子

一、老子其人

老子是中国古代伟大的思想家、哲学家、文学家、史学家和道家学派的创始人及主要代表人物，道家思想对中国的政治、思想、科技、文化、艺术等都有深刻影响。

道教学派创始人

据说，老子从小就非常聪明好学，他的老师在教给他所有本事后，推荐他去了周朝的都城洛邑，担任守藏室的史官。

"无为而治"

老子提倡"**无为而治**"。是指君主不要过多用个人的喜好去干预人民的生活，充分发挥百姓的创造力才能实现真正的辉煌，也就是"以无为而有为"。

老子对于社会、人生、自然、宇宙等都有自己独到的思考和见解，以他的学说为基础，后世的人们加以继承和发展，形成了道家学派。在道教中老子被尊为道教始祖。老子本人和他的坐骑大青牛也被纳入了神仙谱。

老子的著作留存到现在的只有一本《道德经》。不过，他凭着这本小书就坐上了全球超级畅销书作家的宝座！

老子

老子与《道德经》

春秋末期，周王室衰弱，诸侯战争不断，老子对这个局面完全绝望，决定找个没人的地方隐居。于是他一路向西，在函谷关被拦了下来。

函谷关守关的长官叫作尹喜，非常敬仰老子，还陪他云游了一段时间。期间，他请求老子能为世人留下点什么，于是老子把自己的一些想法写成了一册小书，然后飘然离开了，这就是后世著名的《道德经》。

大散关　　　函谷关

道德经

《道德经》也叫《老子》,分为上篇《德经》和下篇《道经》,全文只有5000字左右,却字字珠玑,包含了无穷无尽的智慧。

《道德经》具体讲了什么呢?

简单来说,最重要的一个观念就是"道"。

道生一,一生二,二生三,三生万物。

老子以"道"解释宇宙万物的演变。

道没有形状,也没有声音,看不见摸不着。但是它永恒存在,并且它是世界上所有事物变化的规律,具有无穷的创造力。

看不见摸不着……

但是存在……

第七章 培养领悟力

老子

大自然有它的一套固定运行准则,亿万年来都没有改变。而"道"也和自然一样,或者说,"道"就是自然的这套准则。它是生物的生老病死、它是植物的发芽开花、它是江河的无尽奔腾、它是天上繁星的动驻明灭。

学习《道德经》的可不只中国人。从16世纪开始,《道德经》就被翻译成了拉丁文、法文、德文、英文、日文等30多种文字,据联合国教科文组织统计,被译成外国文字发行量最多的文化名著,除了《圣经》以外就是《道德经》。可见,老子对世界也产生了极大影响。

不得不说,《道德经》不仅是中国民族气质的重要组成部分,它还如同一颗明星,始终在世界思想文化的宇宙中大放光芒。

二、跟老子学习如何一体两面的看待事物

1 软与硬

有一次,老子听说老师病了,于是去探望他。弥留之际,师徒以一问一答的形式,完成了"最后一课"。

那里就是我美丽的故乡……

老师:经过故乡要下车步行,你知道这里面的道理吗?

老子:经过故乡要下车步行,就是说不要忘本,不要忘了你从哪里来。

老师:经过乔木的时候要小步走过去,这是为什么?

老子:意思是如果看到年纪大的人一定要尊敬他。

最后一个问题,老师张开嘴说:"我的舌头还在吗?"

"在。"

"那么我的牙齿呢?"

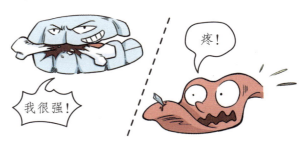

我很强!

疼!

老师的意思是说,牙齿虽然比舌头坚硬,可是只会以硬碰硬,不懂变通。舌头虽然柔软,但是灵活多变,做人也一样!换个思路,"柔软"的力量也是强大的!

天下莫柔弱于水,而攻坚强者莫之能胜。

译文:天下的事物,没有比水更柔弱的,但攻击坚强的东西,没有什么能胜得过水。

老子

2 福与祸

战国时期有一位老人，名叫塞翁。有一天，他的一匹马丢了，别人怕他着急，都来安慰他，谁知他却笑着说："也许这并不是坏事。"

果然，没过几天，那匹马领着另一匹高大健壮的马回来了！邻居们都高兴地来祝贺他，谁知他却一点儿也不高兴，反而愁眉苦脸地说："'天上掉馅饼'不一定是好事啊……"邻居们都觉得他这个人实在是太奇怪了。

果然，有一天塞翁的儿子骑着这匹新马去游玩。他骑得太快，一下子从马上摔了下来，摔断了腿。邻居们又来安慰塞翁不要太难过，谁知塞翁反而说："他的命还在，也许这就是福气了。"没过多久，战争爆发了，塞翁的儿子因为瘸腿不需要去前线战斗，所以留在家里，性命无忧。

祸兮，福之所倚；福兮祸之所伏。

译文：灾祸啊，幸福依傍在它的里面；幸福啊，灾祸隐藏在它的里面。

这个故事用一连串巧合告诉我们，在一定条件下，"好事"和"坏事"是会相互转换的，不论遇上了什么事情，都不要沉溺在激动或者颓丧中，而要积极考虑以后的发展可能性，才能冷静地面对和解决事情。

3 砖头和石头的较量

老子成名后，经常有人来找他请教问题。一天，一个一百零六岁的老翁向他炫耀自己轻松长寿的一生，甚至看不起活得不如他的人。

听了老翁的话，老子微笑着捡起了一块砖头和一块石头。

老子

可以看出来，大部分人在判断人、事、物的好坏、价值时，最大的标准就是它对人们和社会是否有所贡献。古往今来，做出过巨大贡献的人会被历史铭记，努力生活的普通人也会被家人和朋友记住。

老子的领悟力培养

❶ 勤奋学习，积累大量的知识，多读书，开阔视野和胸襟。

❷ 善于思考，勇于提出问题，尝试多方面多角度去看待同一个事物。

❸ 心怀悲悯，对一切人和事都要平等看待，这样才能放平心态去思考并解决问题。

❹ 细心观察，能够看透问题的本质，快速找到事物的真谛，提高领悟力。